U0145110

金大崛起

上

燕南啟道 振鐸浯洲

李金振・著

李福井・編纂

傳承大學日課　完成傳奇

鄭愁予　耶魯大學終身在校詩人

初入仕途的朱熹廿二歲剛從大學畢業了
將冠冕易儒巾則官服之彩繡何嘗是初衷
立在同安海角望離島而心忖太武之東渚
是否那浯江仙洲果真會成為洙泗之鄒魯 (1)

寒窗不負《大學》的日課引來春風傳奇
暖意入懷正是格物、致知、誠意、正心 (2)
是故他必需親執櫓、舵…且高張帆、蓬
破長浪、搏逆風、無迴寰惟憑理氣成功

登陸浯嶼他喜歡「山環水抱」「藏風聚嵐」(3)
立書院高崗回望大陸盼北燕南來乃名燕南
《大學》取自書經「經一章蓋孔子之言」
《中庸》《論語》《孟子》而《四書》成焉！(4)

朱熹862年後重臨燕南書院使他老懷欣慰
44位進士這青青子衿未被時光的忘川淹沒 (5)
一群浯嶼教育家一群外地校長一群金僑民
擁戴一個童年懵懂失怙只知滿懷報恩的人

這個人惶恐受命還鄉負重擔復校燕南書院 (6)
這個人將鄉土人格化而奉之如對母親的愛
這個人工作如結緣記下事功苦樂共享未來
這個人效法朱熹儒家渡海憑持倫理共患難 (7)

他掌舵十七年其海圖來自實業計畫之精華
他握契機用權變將瀕臨無望轉為迎頭趕上
他崇信孫文學說涵華洋古今必能飛向國際
他是誰？就是金門大學的傳奇校長李金振 (8)

註：

(1)「洙泗」孔子家鄉河流。湖南嶽麓書院在朱熹講學後，被譽為「瀟湘
　　洙泗書院」。

(2)《大學》此處有雙義，為儒家理學之本。「理氣」之說也是朱熹思想
　　的原鄉。

(3) 語出朱熹，朱子著重居住環境及風水，愛金門也。

(4) 朱熹定四書，合五經為儒學根本。

(5) 金門受朱子燕南書院影響，歷代有四十四位進士及第，金門大學追認

為校友。

(6) 金大壓根兒就定位為燕南書院復校，與台灣一般建大學有本質的不同，期減少阻力。

(7) 本詩第二節朱熹渡海暗喻金大復校時李金振面臨的狀況。

(8) 李金振校長是知天命，成事功的人。這本史無前例的日記中多處都顯現預測天機的前景，他帶領鄉親勇者莫下宏基，是先知任務的完成。至於對家鄉的愛和更高層次的展望呢？自有智者承續。我在李金振『金大崛起』書的推薦序中提到金門「文事之最」覺得該寫詩頌揚。其實這部日記允為金大的建校歷史的史詩版，我寫的這首小詩，不過是把我寫的校歌中「燕南啟道／建我新學府」這出自李金振辦學神巧的歷史感連結起來，他的日記正是循者這個先知型的思維日夕不輟完成的。允為大學日課的傳奇。

| 推薦序 |

我的老戰友李金振

吳清基　總統府國策顧問

　　國立金門大學之誕生，我親身參與。國立金門大學之崛起，我與有榮焉。

　　猶記得17年前國立高雄科技學院(國立高雄應用科技大學的前身)金門分部創設前夕。當時，我正好任職教育部技職司司長，第一次與李金振校長通電話時，是奉吳京部長指示，將金門籌設大學之構想告知服務於國立成功大學的金門子弟李金振主任秘書，並舉澎湖海專模式說明金門分部的遠景。按吳京部長之所以極力推薦，主要是想借重他在成大優異的執行力。尤其，能衣錦還鄉服務鄉梓，對他來說應是人生一大光彩，可以光宗耀祖。不久，李金振校長與其夫人討論後欣然接下這項不被看好的苦差事。這也成為往後17年長期抗戰的起跑點。

　　從答應接下金門分部主任的那一刻起，李金振校長就像是上緊了發條似的拼命衝向火線：分部主任兩任幹完，改當學院校長；學院兩任校長屆滿，改當大學校長。這期間，我先後任職教育部技職司司長、常務次長、政務次長、部長等職。其間，雖曾轉任行政院第六組(教育文化組)組長、台北市政府教育局局長、副市長等職。惟工作性質相近，並經常保持聯繫，所以不影響我對金門大學之關懷與了解。

　　李金振校長和我個人一樣，都是在窮困家庭長大的，從小學就開始半工半讀，在刻苦耐勞中培養其服務的人生觀。也自然地養成「吃苦像吃補」的價值取向。其謙恭的態度和樂觀奮進的精神，令人印象深刻。

金門縣地處離島，是偏鄉中的偏鄉，也被教育部評為教育優先區。由於路途遙遠，尤其，務必搭飛機始能抵達的離島金門，本以為每次見面後要等很久才能再次見面，豈知李金振校長每週台北教育部、高雄校本部、以及金門分部等兩岸三「部」往返奔波，因此，對教育部各司處同仁而言，李金振校長倒是一個最熟悉、至為親切的工作伙伴，部內處處可見他的身影。十多年來，校務不分大小、經費不論多寡，李金振校長莫不親力親為。

　　對金門這座彈丸小島來說，當時的構想是，能先設一所二專的分部，提供當地青年升學的機會，已經非常難能可貴。按教育部的立場，當初旨在照顧離島偏鄉高中職畢業生，讓他們有繼續升學、進修的管道，而不是為國內增添一所綜合大學。然而，李金振校長似乎不這麼想，不以此為滿足。乃不斷想方設法拉攏各方資源，厚植其發展基礎。並以最積極的態度、透過各種途徑，奔走教育部、行政院、總統府等上級主管機關，力求政策解套。

　　機會是優先提供給準備好的人。金大創校過程並非一帆風順，其中也經歷過重重艱難險阻。李金振校長憑其善巧逐一化險為夷，從而化阻力為助力，以求逆向成長。以民國99年席捲全球的金融海嘯危機為例。最嚴重的問題就是政府財政短絀，對先天不足的新設大學而言，更是雪上加霜。為因應此突如其來的危機，行政院推出「擴大內需」方案，用

以創造就業機會。乃調查各公立機關之重大工程得提早動工。李金振校長平日就已備妥各棟校舍之規劃設計書，誠養兵千日，用兵一時，掌握了時勢脈動，又掌握了政策需求，於是一口氣提出了六棟建築的新建計畫，也幸運地順利通過審查，並依規定準時動工。這項創舉，將過去13年來校舍興建之嚴重落後一次補足，也印證了「危機就是轉機」不是神話。這些硬體建設也成了目前國立金門大學跳躍式發展的最穩固基礎。

在金門大學的成長過程中，有殊多的突破，實際上已超越舊有的思維和現行制度的框架。由於李金振校長的努力奔走，積極爭取，教育部終於首肯，跳過當初澎湖海專的範例，直接晉升為國立金門技術學院。免掉「專升本」的嚴峻評鑑。為金門大學發展史締造新的紀錄。

想起17年前金門分部誕生伊始，我是教育部技職司司長，4年前金門大學正式掛牌時，我是教育部長。一路走來，我堪稱是看著金門大學長大的「見證人」。

金門大學就是地方殷切期盼下所誕生的產物，承載了無數來自全球各地所有金門人以及各界人士的高度關心與期待。學校的誕生與發展，李金振校長正是最佳的「推手」，他從分部主任到目前校長即將卸任，所有大小校務他都親身參與，沒有李校長的雄才大略與強烈企圖心，就沒有金門大學。甚至對教育部來說，李校長的積極奮進，帶有些許「逼迫」的意味在裡頭。但若是沒有這樣的積極敦促，也一定不會有今日的

金門大學。

　　國立金門大學，確實是一所很獨特的學校。17年來有過太多的唯一與第一。它是我僅見唯一跳過專科學校而直接升格為技術學院的「分部」；也是國內第一所技術學院跳過技職體系，直接轉換跑道、成功地改名為一般大學的案例。此外，還有一點最特殊的地方，讓部內同仁不得不對李校長刮目相看，那就是海外僑領對回歸故鄉金門興建大學所表現的高度熱忱，而且還接二連三地踴躍捐款。同時，當地政府的高度克持，也是國內其他大學所難以望其項背。尤其在部內召開改大最後審查會議時，竟然有縣長與議長聯袂列席表態，令身為部長兼主席的我和所有審查委員們都嘆為觀止。當然，最後在金門縣長李沃士與議長王再生的強力背書之下，教育部終於通過准予改名，於2010年正式改為「國立金門大學」。李金振校長勇於挑戰不可能任務的性格決定了金門大學的高度。所有國內各大學不願意做的嘗試，在李校長的領導下，國立金門大學都勇敢地邁出了它的腳步。

　　因為李金振校長的傻勁，讓金門大學在全國少子化的衝擊和退場聲浪中崛起，締造殊多「前無古人」的歷史紀錄；在校長任內帶領全校師生一起努力將學校由專科改制為學院、再由學院改名為大學，13年內完成三級跳的創校任務，在學術界被譽為「轉身跳投得分」。此外，在師資方面，一次爭取到100個教師員額，幾乎是將全國全年度的教師增額

都給金門大學打包帶回去，直令各大學稱羨不已。另者，在招生方面，誰有本事讓考生放棄大學聯考第一志願？結果是，金門大學做到了！103學年度金大招到一位學測滿級分（75級分）的學生，據悉，該生已錄取台大電機工程學系，最後他選擇了金門大學就讀。令人難以置信的是，17年前的金門大學，彼時的錄取生大多是聯考的落榜生，誰能預料17年後的今天，竟收到一位聯考的榜首。其進步的幅度又再度破表。

本書從李金振校長17年來撰寫的35本、逾3400篇筆記中，摘錄近240篇。書中殊多創校過程的細微處，也讓人明白原來中央政策同意與首肯的背後，其實金門地方政府、在地鄉親、海外僑領、旅台學人與同鄉、國際友人、以及企業家等，已默默地做過如此多的努力。事成並非偶然，成功其來有自。

作為一個見證人，金門大學創造的所有奇蹟，我親身參與、親眼目睹。讓奇蹟能在金門實現的靈魂人物李金振校長，他的所有努力我親身領略。在老戰友行將卸任之際，這部書的出版，讓金門大學的創校歷程和與奇蹟再添佳話。我也願意以見證人和參與者的身份再次向各界推薦，推薦這個神奇故事，推薦這所奇蹟般的大學，也推薦這位傳奇校長。

弦歌不絕
——金門之戀

鄭貞銘　中國文化大學華岡教授

當金門由殺戮戰場轉變為繁榮商場；當金門隆隆砲聲轉變為朗朗書聲，這是歷史的契機，也是金門的轉機，金門人有福了。

民國一百年的某一天，前監察委員周陽山遇見我，他說「鄭老師，您有一位學生李金振，在國立金門大學擔任校長，他常常懷念您。」

我聽了十分訝異，在我記憶中，不曾有這麼一位學生。後來寫信向金振致賀，金振不但立即與我取得聯繫，並邀請我到金門大學擔任講座教授，並在第一屆同學的開學典禮中，以「尋求大學之夢」為題發表演講。師生三千多人在大樓中空大操場席地而坐，秩序井然，是一場難忘的演講。

短暫的師生關係

我對這位大學「校長學生」十分好奇，原來是在44年前，李金振考取文化學院(今文化大學)新聞系就讀，一年後轉出，難怪我對他少有記憶。但是他說在文大新聞系雖僅一年（我時任系主任）；但是受教很多，尤其老師常教做人做事的道理，金振自認終身受用。

李金振是金門子弟，家庭清寒，念不起私立大學，所以他轉考師大公費，依依不捨地向文大道別。

如今，這位與我闊別四十餘年的金門子弟，經過一番奮鬥，卓然有成，而且成為一所國立大學校長，不僅為鄉親服務，也為兩岸與世界華

人子弟貢獻心力。

　　金大的前身是國立高雄應用科技大學金門分部，創立於1997年7月1日，即由李金振首任分部主任，以後分部獨立升格為國立金門技術學院，於民國2010年8月1日改名為國立金門大學，首任校長也由李金振出任。

　　17年的漫長時間，李金振使出渾身解數使金大煥然一新，他奉獻出所有心力，尤其改國立不到四年，金大建築宏偉，設備齊全，軟硬體的建設令人刮目相看。形成了李金振傳奇。

金大發展活歷史

　　當我散步在金大校園間，每位學生見到李金振都叫「校長好」。每場講座都座無虛席，師生專注聽講，令人印象深刻。我強烈感受到，這是一所不一樣的大學。

　　李金振苦學，生活簡樸，待人誠懇，每一天行程、與來賓的談話、無不詳載他那密密麻麻的記事簿中，據說他在金大17年的服務，記錄了35冊，不啻是金大發展的活歷史。金大的每一方寸，都有他的心血與足跡。

　　李金振擁有刻苦自勵、奮鬥不懈的個性；尤其他曾在成大服務多年，受吳京、夏漢民、黃廣志等前輩的啟迪很多，具備成大人獨立、踏

實、不虛浮的特質。據說李金振讀到博士學位時，已年過五十歲。

前教育部長成大校長吳京本來就是點子王，李金振做主秘多年更是發揚光大，他的腦子每天都在動，希望為金大創造歷史。

金大的校園建築很富創意。每棟大樓都有特色，令人驚訝的，這些都是短短幾年間完成。除教育部之補助款與金門縣府大力支持外，更受益於許多金門海外華僑之熱心捐助，黃進益、楊忠禮、陳開蓉、楊蕭斌、黃祖耀、陳成龍、王振坤、黃章聯、陳篤漢、方水金、呂慶安、方耀明、李志遠、林國欽、呂冰霖都為金大捐獻，建成金大休閒管理學院、理工學院、人文社會學院等大樓；而設計、管理兩卓越的圖書館更多捐獻書櫃，胡璉將軍、周世輔教授、前考試院院長關中、考試院副院長高永光都捐獻了大量圖書，我也野人獻曝，捐獻兩丁多冊設立專櫃，金大還在校慶日舉行贈送典禮。

費心尋找好學生

李金振校長深深體會「大學在大師，不在大廈」的真理，所以初升格大學不久，就在全球各地禮聘了丘成桐（著名數學家，現任哈佛大學所長）、杜維明（國際知名儒學大師、現任北京大學高等人文研究院院長）、鄭愁予（國際知名詩人）、李奇茂（台灣著名水墨畫大師）、宋怡明（哈佛大學東亞系教授）、楊志良（前衛生署長）、吳清基（前教育部長）、李錫奇（國策顧問）、黃基礎（生物科學家）、陳振國（富士康科技集團IE學院院長）等為講座教授，筆者深感榮幸，也伏驥其尾，要經常奔波於台北金門之間。

金大了解要成為頂尖大學，要有第一流的師資與第一流的學生；馬

英九總統初訪金大時，允諾一次核定給金門大學一百名教師員額，許多大學的優秀師資都紛紛轉往金大任教，如周陽山。

金大102學年共有5個學院（理工、管理、社會、人文藝術、醫護）共17學系，14個碩士班研究生，並向博士班邁進。

金大現在專任教師127位，其中助理教授以上師資占95.5%，具博士學位者超過90%。

李金振校長贏得華僑捐助，於102年12月5日曾舉行高峰論壇，邀請各方名家討論，並在卸任前，先後成立閩南文化研究中心、博物館、兩岸和平研究中心、華夏傳媒中心、語言中心與金門大橋監測中心，以擴大服務發展並配合金門未來的地方治理。也顯示他治校的高度與前瞻。

除了優秀師資，金門大學也深知優秀學生的重要，所以費心尋找好學生。這就是世界各地名大學在向全球招手，募集的原因。學生努力上進，有求知慾、有工作熱忱，自然就奠定了成功的基礎。

小而美的招生法

得華僑捐助之便，金大曾發給每一位初入學的新生一部筆記型電腦，今年75級分（可錄取台大電機系）的台中一中學生黃建桐，放棄了台大，而改讀金門大學資工系。

他不僅獲得金門縣政府提供四年四百萬的獎學金，畢業後更可享受赴美國休斯頓大學，由知名科學家朱經武主持超導中心深造的機會。

朱經武曾在電話中關懷黃建桐並給予指導；黃建桐的哥哥黃建庭現在也在金大資工系念書。

金大還與清華大學合作。金大學生可以到清大修學分，並且在畢業

時採計其學分。此外，金大也與成大建立「教師聯盟」，這三所大學，名師如雲，學生都勤奮上進。

許多高分考取名校，而放棄願到金大就學的青年很多，盛況一如政大、文大。

在少子化的今日，多校有招不到學生的恐懼感，而獨有金門大學卻穩定成長，金大並不想大量擴招，而想走「小而美」的方向，有中央政府、華僑、金門縣政府對金人的人力支持，可謂集天時、地利與人和。

歷史上，南宋大儒朱熹到金門籌備燕南書院，成為今日金大的發祥地；千年來金門自古文風鼎盛、人才輩出，歷代出了44位進士。

當金門由殺戮戰場轉變為繁榮商場；當金門由隆隆砲聲轉變為朗朗書聲，這是歷史的契機，也是金門的轉機，金門人有福了。

現在，任期17年的李金振今暑交卸職務，由同樣是金門子弟的黃奇原接任。黃奇原是義守大學講座兼教務長，教育經驗豐富、充滿愛心，相信在他的帶領下，必能體會「創業維艱，守成不易」的道理，在金大崛起之後，更進一步使其發揚光大。創造另一波的金大奇蹟。

| 作者序 |

眾志成城　共創金大奇蹟

李金振　國立金門大學創校校長

　　1997年，教育部長吳京院士徵詢、交代我一個不平凡的使命，為金門籌設第一所高等學府。這件突如其來的吩咐，對一位闊別故鄉長達二十餘年的遊子而言，真是天大的喜訊。誠然，從負笈台北到任教台南，這期間，真不敢想像將有朝一日能夠返鄉工作。

　　創校工作是何等神聖的任務，我何德何能，竟有資格肩負此重責大任。從奉命的那一刻起，「惶恐」就伴隨著我渡過未來的17寒暑。

　　很感謝國立成功大學夏漢民、馬哲儒、吳京、黃定加、翁政義等歷任校長，在我返鄉工作之前，進行長達16年的職前訓練。即早在1981年我甫從台大研究所畢業，恩師李國鼎教授把我推薦給夏漢民校長開始，不知是什麼原因，我很順理成章地成為了歷任校長移交清冊的一部分。很感謝，在成大擔任校長機要秘書和主任秘書期間，承蒙歷任校長將其治校理念和建校秘訣毫不保留地傾囊相授，我才膽敢答應這項離島第一所大學的籌備工作。

　　創校之初，於回金門途中，確有近鄉情怯之感；腦海中對金門大學的憧憬，期待是一所頗具書卷氣的大學殿堂。惟1997年7月報到的第一天，才發現眼前的金門大學，原來完全是一片空白，不僅沒有校園，甚至連辦公室也沒有。我們唯一所擁有的是一張教育部核定高雄科技學院金門分部准予籌設之公文。一所全新的大學就這樣白手起家。

　　從1997年到2014年，回顧這17年來，兼具辦學與創校的雙重任務。

之所以不以為苦，反而樂在其中。探討個中的原動力，源自於深刻體會到這種樂此不疲的愉悅，不是來自感官上的滿足；而是發自一種生命價值的肯定。自覺對自己所歸屬的母體有所回饋的飽足感，也找到了人生的真正價值。

　　談到這些筆記的由來，自然要追溯到創校伊始，籌備工作千頭萬緒，百事待興正是彼時校務發展的寫照。或許有人會問，百忙之中，哪有時間寫筆記？沒錯，每天的功課就是快馬加鞭地籌備設校與辦學之構成要件。洽辦的單位包括教育部、金門縣政府、金門縣議會、金防部、地主、以及校本部高雄科技學院，所在地分散於台北、高雄、金門等兩岸三地。數百公里地穿針引線，固然費時費力，惟每辦成一件事，就覺得距目標又拉近了許多。於是，每逢疲於奔命之後，或兼程趕飛機，當踏進即將關上機艙門的那一剎那，於慶幸及時趕上之餘，接下來就是我和金門大學的對話時間。

　　如何與金門大學對話？因為回金門的主要任務就是籌備設校與辦學工作，每天最關心的和最熟悉的都是為了金門大學，幾乎全心全力地全神貫注，簡直把金門大學當做一位有生命、而且活生生的一個對象，甚至覺得它知道我在為它做些什麼。準此，我們對話的方式，就是透過這本筆記，向它簡報一天的工作進度。進行的程序，首先訂定主題，並編定號碼，同時，註明日期，然後詳實地記載一篇約1000字的筆記。每天周而復始，成為我生活的一部分。

　　旁人也許不解，休息不好好休息，為什麼要如此辛苦地寫筆記？殊不知龐雜的業務擠在腦海裡反而不得清靜；數不清的擔子同時壓在肩膀上反而喘不過氣來。我把零亂的思維理出思緒後，把已定案的校務趁著

尚未遺忘之前，將之紀錄歸檔，腦海裡庫存的資料自然減輕。此外，已經辦妥的擔子不必與尚在進行中的擔子同時挑在肩上。透過筆記，加以釐清與區分之後，自然肩上有如釋重負的輕鬆。

所以這些筆記儼然成為伴隨我渡過創校過程的夥伴。17年如一日，合計完成了35大冊，合計3400餘篇。這些筆記，與其說是在描繪自己的省思與作為，毋寧說是為金門大學紀錄其坎坷的成長歷程。

最近常聽到有人稱讚本校的創校奇蹟，「在短短17年內，能迅速地從專科到學院，再從學院到大學。在資源欠缺的當下，能夠連續三級跳，被比喻為轉身跳投得分，真的厲害。如果沒有不死心的堅持和毅力，就沒有今天的金門大學。」這樣的恭維實在過獎了。在此，我要坦然地向大家揭開個中的面紗。其實，本校早在八百多年前就誕生了，只是尚未具體地呈現。今天，我們只是把這所已經既有的大學加以恢復而已。因此，我把本校的籌備性質，定位為「復校」，而不是「創校」。

為什麼說本校是「復校」而不是「創校」？大家一定莫明個中的緣由。君不見八百前宋代大儒朱熹曾前來金門創辦了燕南書院，帶動了金門文風鼎盛，從此人才輩出，歷代曾出了44位進士。這段歷史背景非常寶貴。準此，2010年本校改名為金門大學掛牌典禮的當天，於清晨破曉時分，特邀請朱熹第25世後裔、現任廈大校長朱崇實於燕南書院主持薪火相傳儀式，然後將聖火一路傳到金門大學，脈脈傳承的意義至為濃厚。國立金門大學正式誕生後，特於第一次校務會議的第一個提案，將金門歷代的44位進士，追認為金門大學的傑出校友。同時，敬請本校講座教授鄭愁予詩人為校歌作詞時，將之融入校歌中，讓一屆又一屆的莘莘學子唱出本校的淵遠流長。

由於本校發源於燕南書院，因此本校一誕生就很不尋常。17年來在逆境中快速成長，顛覆了一般人的想像，創下了多項耳目一新的神奇記錄。例如：

一、由二專晉升到碩士

汰劣換優是本校在科系所轉型的大蛻變。在科系層級上，首先由二專擠進了二技的行列，再增添四技的系所，進而轉型成為一般的學系。最後，再廢除二專及二技，留住學系和四技，設法增設研究所。如此以接龍的方式，很快地擺脫專科時代，如今已成為一所擁有5個學院、17個學系、14個研究所的綜合大學。此外，在班級數方面，由當初全校僅有8個班的規模，到現在已成長到超過100個班級，一般認為居住人口不滿10萬人的離島，有100多班的大學生，真的不可思議。

二、招生成績超好竟被罰

師生人數超過環保署的標準竟被罰金30萬元，其理由是本校當初在環境影響評估的規劃中，預估招生的目標是3000人。現在已逾4000人，依法應罰金30萬元到150萬元。有云壞事傳千里，這次被處罰的消息乃不脛而走。全國考生及家長都想知道是何原因被罰？答案是招生成績超好。

三、將不毛之地化為大學校園

有云：「置之死地而後生」，在校地方面，金門縣政府當初提供的設校用地，原是例代先民之墳場，後改為砲陣地，一度權充垃圾掩埋

場。這塊曾經不被看好而作低度使用的縣有土地，現在竟成為金門第一所大學的美麗校園。此外，配合校務的快速成長，空間隨之不敷使用。多年來，校園四周的縣有地已先後徵得縣府同意，鯨吞蠶食地併入本校發展用地。包括校園後側的國際學舍建築基地、西側原孔廟預定地改為本校的大型停車場、東側的健康護理學院預定地、以及前面的大學城區段徵收開發區等，都已經完成無償撥用的手續，假以時日將成為校園的一部分。同時，除校本部外，這些年來又取得了金沙校區和中山校區，成為本校的第二、三校區。

四、窮到發慌乃激發大興土木的勇氣

沒錢也能使鬼推磨，本校殊多重大建設，大多在窮得發慌的時候建造的。回想本校創設之初，教育部本來是計畫只蓋一棟綜合大樓打發。後來憑什麼又一棟一棟地蓋，陸續又興建了學生一舍、學人一舍、圖資大樓、理工大樓、學人二舍、學生二舍、餐廳、活動中心、體育館、游泳館等十棟校舍。教育部事先已把遊戲規則講得很清楚，各校能籌出百分之20的自籌款再來申請，否則免談。試想，本校在財政上早已出現三大缺口的窘境，俗語有云：「連生吃都不夠，更遑論曬乾。」對本校而言，教育部的要求著實強人所難。然而，潛能是從危難中激發出來的，上述11棟校舍，有六棟是在全球金融海嘯席捲全世界時興建的。在百分之20的自籌款尚無著落之際，先以教育部的補助款發包。直到2014年體育館、游泳館、活動中心、學生二舍等6棟建築已先後落成啟用後，其近2億元的自籌款卻遲遲尚未到位。有人好奇的問，沒錢沒人你怎麼敢潦落去。事實上，若有現成的「錢」和「人」，那我們還有得混嗎？

五、從落榜生到榜首

辦學的最終目的是得天下英才而教育之。本校創設之單純目的，旨在滿足金門農工職校之升學機會。俟擴增科系規模後，常為招不到學生所苦，報到率年年未達標準。最低錄取成績更是低於全國統測、學測之均標。如何脫困，乃號召全體教師總動員赴台進行招生宣傳。並決定採用治重病下猛藥之策略，一方面採「統統有大獎」策略，即借重郭台銘董事長美金百萬元的捐贈，大手筆地全面發給每一位新生，人人筆記型電腦一台。另方面採「搶頭香」策略，在拔尖方面，獎勵金年年居全國之冠。幾年下來，金門大學在國人的心目中，是一所福利最好，獎金最高的大學。果然吸引了很多聯考優異的考生。此外，在報到率方面，自2010年改大以還，已連續5年的報到率都破百。錄取分數更是節節上升，平均最低錄取成績已逼近學測的前標。2014學年度，更有一位考生，其學測成績達滿級分，為全國聯考的榜首，並已錄取台大電機工程學系，最後決定放棄台大，選擇金大。

六、將校園延伸到兩岸名校

套一句金門的口頭禪，「讓世界看見金門大學，讓金門大學走向世界。」具體的作法是，在生源方面，本校招生的主要來源，除金門本地生外，百分80學生來自台灣。此外，陸生、港澳生、僑生、國際生等近年來逐年倍增。此外，在學生的出路方面，透過姐妹校交換學生的管道，每年有260個機會得赴台灣的成大、清大、台師大、中正、中興、中山等15所頂尖大學就讀一學年。另外，有更多的機會得赴大陸北京體大、長安大學、四川大學、華中師大、南京大學、上海師大、暨南大

學、吉林體院等重點大學就讀一學年。同時，也吸收了兩岸大學的高材生來本校就讀。

七、窮到只剩下基金

本校之誕生，正逢國家財政最拮据的時候。因此，預算和員額編制均跟不上校務成長的腳步。譬如：金門分部爭取獨立設校，是在不增加預算和員額的前提下還可以考慮，否則免談。接著本校原有4個二專升格為四技，同樣以不增加預算和員額為前提。甚至本校由學院改為大學，也事先聲明不增加預算和員額。綜觀本校的成長，是在又要馬兒好又要馬兒不吃草的矛盾狀態下過關的。在青黃不接之際，幸有旅居東南亞的僑領、赴台發展的金門鄉親、企業家、社會熱心教育人士、以及本校同仁等及時伸出援手。捐資興學之義舉，合計逾新台幣1億元，已存入卓越發展基金。尤其，金門縣政府更是大手筆，除提供本校每位學生每年14000元就學交通津貼外；並成立基金和提供各棟校舍工程費的自籌款。十餘年來，合計逾新台幣10億元，已存入建校基金。這樣在中央政府力有不逮時，由地方政府及海內外民間補位的創校奇蹟，不僅是金門前所未有之首例，恐怕亦是全國所罕見。

綜合以上有關本校校務發展的特色，幾乎每一項校務的創舉，都是從零開始，其過程，都是從失敗中拼出來的。直言之，其代價就是不死心地埋頭苦幹。同仁均能朗朗上口我的一句口頭禪，「人家都說一步一腳印，我們卻是走一百步也看不到腳印。」大多是原地踏步，能在山窮水盡之際，走出一條康莊大道，要歸功於中央與地方一條心的政策支持，以及海內外金門鄉親大家的眾志成城，在關鍵的時刻，出現決定性

的安打。

　　本校一路走來，顯示各項設校條件尚未到位之前，就急忙闖關，似乎每件校務的推動，都突顯與時間賽跑的急迫性。的確，本校雖有淵源於八百年前的悠久歷史，定位為「復校」的現代書院。惟在國際化的競爭浪潮下，本校的起步已遠遠落後於國內外各名校。於是急起直追、迎頭趕上成為本校17年來的工作指標。深怕稍縱即逝。這種場景，猶如沿途一路闖綠燈。

　　飲水思源是此刻我的心情世界，透過本書感謝所有對本校創校、建校有功的推手們，是我報恩的唯一管道。

　　假使沒有中央政府在政策上的堅持和在財政上鼎力支持的決心，本校連誕生都找不出名份，更遑論升格與轉型。

　　假如沒有高雄應用科技大學願意挺身而出，以借腹生子的方式先到金門設立分部，再以校本部的資源幫助分部成長，本校將無法由胎兒出生為嬰兒。

　　假若沒有地方政府、金門旅居海外的僑領、旅台的鄉親、以及熱愛金門的企業家和善心人士，在本校最需要的時刻助一臂之力，本校才得以成長茁壯。在此，容我將庫存17年的內心話誠摯地向您們致敬：「親愛的本校邁向成功之路的推手們，沒有你們及時地伸出援手，本校於青黃不接之際，早就失去急救的黃金時間。」

　　最後，最讓我感動和不捨的是本校的同仁，從開始就陷入比八年抗戰還多一倍的長期創校建校工作，用日以繼夜、汗流浹背來因應人少事多責任重的繁重校務。同仁中有帶著不敘薪的老公為本校校務挑燈夜戰拚到凌晨二點的，17年來，同仁於奮不顧身、廢寢忘食、積勞成疾、

鞠躬盡瘁之後，仍然前仆後繼，不達最後的成功決不罷休。這股精神正是維繫大家在漫漫黑夜咬緊牙關的動力。無可諱言，在這些日子裡，校園內外所有的話語，我全都聽到了。過去我無暇回應，現在我一併答覆，「親愛的同仁們，多少年來你們愛之深責之切的每一句話、寫的每一個字，全是為了這個學校好。因恨鐵不成鋼而情詞迫切，我完全能體會和領略。老實說，沒有你們的努力和奉獻，本校不可能無中生有。猶如一場球賽，你們個個都是不可或缺的得分高手。而我呢，以及這35本筆記，充其量也只是記分員之於記分板。惟只記錄金門大學的總得分，卻忽略了詳細記載每位球員的得分和助攻，但願大家從總得分中觸類引申，能撩起一些共鳴和回憶。在此，容我90度一鞠躬，由衷地對您們致意，謝謝你們的包容與犧牲。」

有云：「宇宙間的道理，都是先有事實，然後才發生言論。並不是先有言論，然後才發生事實。」論述本校的歷史，並不是史學家用筆「寫」出來的，而是17年來全體師生以實際行動「做」出來的。有了具體的事實，然而才能根據史實寫出歷史的新頁。因此，凡我金大師生，我們的努力和付出，象徵著我們共同來寫金門大學的發展史。至於這35本筆記，其意義微不足道，充其量也只是猶如每次會議總得有人做紀錄。這些紀錄也許可以成為本校史料的一小部分。打從一開始，我一直沒有付梓問世之規劃。惟晚近有殊多長輩好友得悉這些筆記之後，很驚訝地指出：「這真是很珍貴的史料啊！能巨細靡遺地記載金門大學的生平事蹟，恐怕也是絕無僅有。」同仁更是佩服我的毅力，主動將之影印打字；其中崔春華專門委員及其夫婿符宏智老師，於百忙之中完成其中的5本。其餘30本則由吳美娟秘書、李瑾珊秘書帶領工讀生利用空檔兼

程趕工，連校稿都要大費周章，足見其工程之浩大與艱辛。

　　特別感謝本校駐校作家李福井、邱英美賢伉儷，繼完成金大叢書1《金大崛起》魔法校長一書之著作與出版之後，再度以迅雷不及掩耳的高效率投入本書的編纂。同時，也感謝本校翁克偉前主任秘書，李錫捷教務長、李文良總務長、曾逸仁前研發長、李金譚前研發長、崔春華專門委員、符宏智老師、洪瑛鈞組長、楊樹清前駐校作家、鄭大行專員、楊杰誠組長、翁宗平辦事員、吳美娟秘書、李瑾珊秘書、許淳婷辦事員、陳婷怡辦事員、陳思豪辦事員、黃銘鴻同學、林易翰同學等好友的主動協助，本書才得以依原計畫如期付梓。

　　本書限於篇幅，僅能從3400餘篇筆記中摘錄237篇。挑選的標準，旨在突顯本書的真正主角國立金門大學。其內容大多偏重於：(1)校務發展過程的關鍵性指標。(2)改變歷史的轉捩點。(3)校務發展的重要里程碑。

　　2014年8月1日，我卸下本校首任校長一職，象徵著我擔任17年站衛兵的角色已正式交班。此刻，也代表過去每天寫筆記的例行功課也隨之封筆。

　　今後是否有人繼續寫它，將不影響故事中的主角國立金門大學的存在及其光輝。它像一部永恆的列車，將繼續穩健地、快速地邁向未來，直到永遠！

向歷史負責！
——編纂源起

李福井　金大駐校作家

　　金門人重視教育，已經成為一種文化傳統。

　　有宋一朝，陽翟人首先發科，六個人先後考上進士，在那種窮鄉僻壤的時代，鄉民都以農耕為主，還能夠延師課讀，追求功名，不是重視教育怎麼會有這樣傲人的成果呢？

　　金門人有讀書的種子，金門古時候隸屬同安，在那個科舉時代，有所謂「無金不成同」之譽，可見金門人多會讀書，多重視教育，把同安一縣的科考成績撐了起來。

　　因此，福建沿海四島：廈門、金門、東山與平潭，古時候就有富、貴、貧、賤之稱。金門取得一貴字，大抵以金門人重視教育，歷代以來有44人中進士有關。

　　金門這樣的一個蕞爾小島，承平的時候，大家安居樂業，鑿井而飲，耕田而食，天高皇帝遠，有如世外桃源；戰亂的時候，金門常常居於戰爭的樞紐地位，被綁上鬥爭的十字架上，所以金門人的性格：和平時代出士，戰亂時代出將。可說人才濟濟。

　　從晚明的鄭成功舉兵抗清，到1949之後兩岸的分裂對抗，金門四百年來走入一種歷史循環套。金門是在戰亂的時候，才更能顯示出它的價值。

　　1949大陸風雲變色，金門首攖其鋒，歷經了古寧頭大戰、93砲戰、823砲戰，然而金門還是挺住了；雖然戰亂頻仍，民不聊生，但是金門

人刻苦耐勞、淬礪奮發的本性仍在，所以能愈挫愈勇，守到雲開見月明。

1992年解除戰地政務之後，金門已然從戰地前哨轉型，社會開始鬆綁，兩岸和平互訪的潮流在湧動，金門有識之士開始發出呼聲，爭取在金門設立大學，起初也許大家並不看好，認為不可行，但是時代在變，潮流在變，政策在變，台灣教育普及化的情勢因應而生，金門因此搭上了這一波列車。

1997年首先成立高雄科學技術學院金門分部，從二專到二技，主要是以收容高職畢業生為主，只有一紙公文，一切因陋就簡，沒有校園，沒有教室，沒有宿舍，都是向人商借，慘淡經營。

2003年獨立設校，成立金門技術學院，經過大家不斷的奔走與努力，2010年再從技術學院升格為金門大學，其中有天時、地利、人和所串起的創校與興學的歷程，前後歷時17年，橫跨兩岸三地、南洋與世界各地。整個就是一部金門的變遷史，兩岸的演進史。

萬事起頭難，創始者遭遇的挑戰格外大，但是金門大學的成立，絕不是某一個人單獨的功勞，而是群策群力的結果，不僅要有中央政策的支持，地方政府財力的支援，海內外金門鄉親的力挺，才能畢其功於一役。

李金振因緣際會，剛好擔任創校者的角色，這是他的歷史機遇，他是土生土長的金門人，是戰後嬰兒潮出生的一代，經過戰火的洗禮與生活磨練的人，受到金門文化的薰陶，挑起金門人傳統重視教育、發展教育的擔子。

金門人一向刻苦耐勞，這是土地孕育的特性，都可以勞苦挑重擔。因此整個辦學與創校17年的歷程，李金振每天巨細靡遺的寫筆記，寫成

洋洋灑灑的35大冊，其中都記錄他所思所感，以及遇到問題及如何解決問題的整個過程，雖然原始而粗糙，但是卻是樸實而純粹，是整個金門大學從醞釀到成立的最忠實筆記。

一國不能無史，一校也不能無史。金門發展大學教育，要立足金門，放眼兩岸與世界，發揮金門地理區位與文化特性，不僅要可長可久，而且要可大可榮，使金門島嶼結合金大的教育，向世界綻放光芒。

讓金門走向世界，讓世界認識金門。金門大學的誕生，就是這一句話具體的體現。

因此，我們今天裒輯、編纂這些史料，是放眼金門的大歷史、金門大學的千秋萬世，為讓後世子孫了解創校者的苦心孤詣，以及它的時空背景與歷史環境，而不是專為某一個人表功。這是我們編纂者的認知、器識與高度。

這一書兩冊經過很短暫的時間整理與篩選，我們不多作雕飾，儘量保持它的原貌，集合很多人的智慧與心力，才有今天的成果，我們向歷史負責，也向自己負責。因此要特別感謝內人邱英美女士的規劃與協調，以及鄭大行先生、崔春華女士、符宏智先生、陳思豪先生與黃銘鴻先生等，從事繕打、校定、潤稿與搜集照片，才能在最短的時間內，呈現在讀者眼前。

金門大學正如旭日東升，有無限的發展可能，回顧金大創校蓽路藍縷，昔日的樹林，就是明日的儒林，希望後起之人，能夠瞭解這段歷史，所謂鑑往而知來。因此，書成之日，我人謹獻上祝福與謝忱，祝福金大校譽蒸蒸日上，遠近馳名；也感謝這一群工作伙伴，不辭勞瘁，刻日完成付梓。

目錄

推薦序／傳承大學日課 完成傳奇　　　鄭愁予　　2

推薦序／我的老戰友李金振　　　　　　吳清基　　5

推薦序／弦歌不絕——金門之戀　　　　鄭貞銘　　10

作者序／眾志成城 共創金大奇蹟　　　李金振　　15

編者序／向歷史負責！——編纂源起　　李福井　　25

披荊斬棘，身先士卒振宏圖（1997-2001）

一片黑森林，何處是校園？　　　　　　　　　36

營區取得，有了突破點　　　　　　　　　　　38

無主土地取得費周章　　　　　　　　　　　　41

土地無地號，取得傷腦筋　　　　　　　　　　42

墓地遷葬，化阻力為助力　　　　　　　　　　44

解除林地，准予砍伐　　　　　　　　　　　　46

完成鄉親的願望，水到渠成　　　　　　　　　48

萬事起頭難—借用仁愛山莊　　　　　　　　　50

四處借教室，遇到貴人　　　　　　　　　　　52

校運會上，一鳴驚人　　　　　　　　　　　　54

八仙過海，各顯神通　　　　　　　　　　　　56

因陋就簡，搭建鐵皮屋　　　　　　　　　　　57

跑得太快，教育部抓不住　　　　　　　　　　58

洽購私有地，登門拜訪　　　　　　　　　　　60

創校伊始，只靠農工保送　　　　　　　　　　62

赴台甄試，趕搭緝私艦　　　　　　　　　　　63

安靈無所，想到就掛心　　　　　　　　　　　64

進度應從終點往前逆推 65

建立公共關係，才能得道多助 67

如何把工作士氣帶起來，把氣給調順了 68

回首來時路，歷史成永恆 70

受邀參加兩岸小三通首航，與有榮焉 76

三個和尚沒水喝，解決有方 77

人少事多，責任重 78

歷史時刻，金廈小三通首航 79

小三通首航第三天，泉州參訪 81

小三通首航最後一天，遊歷鼓浪嶼 83

破冰之旅，百聞不如一見 84

臨時取消搭機，逃過一劫 86

任勞而不任怨—無功　任怨而不任勞—無用 87

地主讓路，不要讓肯吃虧的人完全犧牲 89

破釜沉舟，為創校奮力一搏（2001-2003）

資治通鑑給天子讀，三民主義給人民讀 92

動腦、動口、動手各得其所，不踰距 93

增設科系，明知不可而為之 95

增兩科系，努力獲突破 96

獨立設校，還缺臨門一腳 98

想回成大，擔心後繼無人 100

獨立設校前夕，心有所感 101

樓地板面積，驚動教育部 106

未談成之前，暫不做決定　　　　　　　　108

雜項工程費，出現轉機　　　　　　　　　109

國圖贈書30箱，不無小補　　　　　　　　111

沒有名份，失之毫釐差之千里　　　　　　112

借用教室，看上警所舊大樓　　　　　　　113

聘教師落空，首開校內借調　　　　　　　114

大學路1號，於焉誕生　　　　　　　　　115

獨立設校，獲行政院核予籌備　　　　　　117

師法吳京，公文不過夜　　　　　　　　　119

不毛之地，校園綠化難　　　　　　　　　120

快走無好腳步、快做無好手路　　　　　　121

決策之彈性：朝令有錯，夕改又何妨　　　122

今日樹林，明日儒林　　　　　　　　　　123

四埔林場，從軍歌到弦歌　　　　　　　　125

辦學理念，學以致用　　　　　　　　　　127

為應用外語系和運動管理系的師資員額請命　129

當一位好幹部容易，當一位好長官難　　　130

一波三折，路是走出來的　　　　　　　　131

鍥而不捨，與地主懇談　　　　　　　　　133

湘江雖長，亦只是支流而已　　　　　　　134

重開機門，趕上搭機最後一刻　　　　　　135

解決長江口淤泥問題，國父先見之明　　　136

科系整併，柳暗花明　　　　　　　　　　137

辛亥革命，金門人沒有缺席　　　　　　　139

總教練最大成就是哪廟？　　　　　　　　140

科學大師對不起，今日才認識您　　　　　141

返鄉五年，內人笑我傻　　　　　　　　　143

預支200萬元，刻不容緩　　　　　　　　145

紅柿甜甜從蒂來 147

分部地位，有如次殖民地 149

校舍蓋大了，歪打正著 151

變換車道，希望後來居上 153

一盤散沙，要如何用水凝聚 154

美化校園，與順天應人有關 155

創業維艱，一人挑兩擔 156

大學四年，其實像二專 157

挹注設校經費，縣府樹立典範 158

立定目標，迎接金門大學誕生 160

我們「偷」懶嗎？ 162

解決土地問題，悟出箇中三昧 164

獨立設校，漫漫長夜露曙光 166

有籌備之實，無籌備之名 169

創校成功，立即向改大邁進（2003-2005）

獨立設校，金門大喜 172

核心價值　戰略目標　有效管理 173

伐木興學，犧牲林木令人心疼 174

十年樹木、百年樹人 177

一年樹穀、十年樹木、百年樹人 179

吳京部長談研究方法 181

國立金門技術學院是創造出來的 183

麻雀與老鷹的比喻 188

獲准獨立設校後第一次升旗典禮對全體師生致詞 190

馬拉松比賽抵達終點前，宣布比賽重來 194

校名的英文翻譯 197

校慶日的決定 198

（a+b）^{2}大於a^2+b^2 足證合作能創造價值 200

秋風掃落葉 202

踏破鐵鞋尋榕樹 203

校舍出借，助人為快樂之本 204

協調解決中正國小危樓問題 206

幾個轉捩點，輕舟已過萬重山 207

大膽擔大擔 220

互助合作是進步的原則 222

泳冠大專校長，一舉摘金 224

遷葬建碑，告慰先靈 226

難道地方政府負責出錢，中央政府負責記過
——為同仁無辜受懲處請命 229

校園綠化，林務局補助二百萬元 230

父親遺墨，成為光榮標章 231

改變招生策略，捏把冷汗 232

員額爭取，人算不如天算 233

下南洋會金僑，為募款費心神 235

員額不足，獲教育部重視 246

與星雲法師談在金門設大學事宜 247

乘勝追擊，改科大竟遭淘汰（2005-2007）

眼界放遠，格局做大 250

聘老外為副校長，首開紀錄 252

移植榕樹，傳承朱子學風 254

詩人鄭愁予，聘為講座教授 255

報到率不佳，從失敗中找出路 256

外蒙古，我們來了 258

林則徐人格與風格，感受良深 260

腦筋急轉彎，蓋工寮取代鐵皮屋 261

馬祖分部芻議，願助一臂之力 263

興建圖資大樓，按部就班 264

分權與授權之別 266

台北群英會，延攬講座教授 267

不是「想不通」，而是「想」，「不通」 268

濕地松三代同堂 269

兩害相權取其輕 271

禮聘楊永斌為首席副校長 272

數位學術期刊，受贈獲益大 273

讀冷門科系，卻異軍突起 274

校歌校訓，催生反覆思量 276

打造學習平台，初見成果 278

學生傳喜訊，老師熱淚盈眶 280

校歌歌詞，鄭愁予寫出吟詠調 282

為分部付出，校本部同仁不遺餘力 284

校訓定案，八字箴言 287

從什麼地方跌倒，可從別的地方爬起來 289

人人都是打造金技的工程師 290

心繫故鄉，關鍵時刻不缺席 296

林清江部長定奪，大樓平地起 301

披荊斬棘
身先士卒振宏圖
1997-2001

一片黑森林，
何處是校園？

1997.8.2

　　1997年8月2日金門分部掛牌啟用，吳京部長親自主持，黃校長率校本部同仁前來籌備相關事務，在酒會儀式中，陳水在縣長宣示提撥縣有土地「四埔林場」作為設校用地。

　　什麼是四埔林場？到底座落在何地點？我真是摸不著頭腦。教育局長盧志輝曾陪著葉宏安處長和我，三人從環島北路、四四高地（二）營區東側走到四埔林場的東南角，但走不進去，折回又從環島西路試圖走進，惟草高路阻而作罷。

　　後來為了鑑界，許宗傑組長曾從北側拍了連續照片，加以剪接，指照片中樹林、叢林多的地方就是四埔林場。有一天，我利用怪手開路的缺口，偕宗傑組長去探查，從環島北路跨越四四高地（一）、（二）營區，到了四埔林場邊界，只見一片深淵之黑森林，難以冒險跨入，無功而返。

　　再改由環島西路試試，在預拌混凝土廠旁，怪手已經挖出一道缺口，順著缺口深入，驚見廢棄土亂倒成山，約有數百卡車之多，原來是不肖廠商的不法行徑。我踩過廢土，穿越叢林，迷糊地踏進陌生地，沒有方向感，在草叢和雜林中穿梭，回程竟是另一端四四高地（一）、（二）營區的邊界。再順著環島北路走回環島西路的停車位置，這是我初次見面的四埔林場。

1997年8月2日指定為設校用地界址。

營區取得，
有了突破點

1998.7.7

1997年8月2日金門分部掛牌典禮時，陳縣長允諾創校用地除四埔林場14.39公頃土地外，另加16公頃，湊足30公頃。準此，教育局盧志輝局長亦催促儘速決定以四埔林場為起點，朝環島北路或環島西路發展，兩者擇一。他的建議朝環島西路發展，理由是距離馬路比較近。從李根遠土地代書提供的地籍圖觀之，同仁的意見亦認為朝環島北路的方向發展勢將撞到兩個營區，恐阻力較大。我心裡比較傾向朝環島北路發展，惟必須先克服營區和私有地取得等難題。

有一天在李根遠辦公室閒聊，他建議營區是機關用地，不妨先發公函看看。在發公函之前，吾等先拜訪金防部，向陳鎮湘司令官報告，指：「金門發展高等教育是金門1600年歷史的一件大事，也是國家之重大建設。金門一向軍民一體，合作無間。此事，縣政府已傾全力提供四埔林場，軍方不能輸，對此事應有所表示，共襄盛舉。」陳司令官立即回應：軍方能做什麼？吾等取出地籍圖，稱從校區到環島北路，被四四高地（一）、（二）營區隔開，是否可考慮將該營區遷移？陳司令官稱：將派副司令官費將軍去現場勘查。

不久，陳司令官升任軍管暨海防司令，由朱凱生將軍接任金防部司令官。有一次朱司令官在鑑潭山莊宴請教育界主管及中央駐金單位主管，黃廣志校長是主客，當場寫一首詩給朱司令官。吾等利用機會與費副司令官談四四高地（一）、（二）營區事宜，費副司令官稱有具體資料比較好辦，最好來函說明。於是

金大崛起——燕南啟道 振鐸浯洲（上）

38

1998年7月7日四四高地營區撥用會勘。

乃以校本部名義，一方面賀朱司令官上任，一方面談四四高地（一）、（二）營區事宜。信準備妥當，我帶著拜訪福建省顏忠誠主席，請他以曾是朱司令官長官的身份先打電話幫忙說幾句好話。顏稱不宜先出王牌，若有困難，他再出面，並提供寶貴意見，認為此事有成功的理由。信乃直接由衛兵轉給朱司令官。

　　不久，回函稱儘速擇期會勘。此時，爭取四四高地燃起了希望。為了把握會勘的機會，乃準備了共同發表聲明書。同時，為了取得朱司令官之同意，由司辦室長官代為轉達。結果，朱司

令官表示：要直接與我通電話，態度堅決，表示此事應按規定處理，不宜例外。

　　因此聲明書臨時取消，並確定於1998年7月7日上午9時舉行會勘，由陳水在縣長、黃廣志校長及金防部代表饒參謀長等三巨頭共同主持。一致同意將該營區提撥為學校用地。此外，我利用早泳機會亦向金西師吳斯懷師長懇求支持。陳振國少校在會勘之前，持一份事先準備好的紀錄，希望在會勘中取得縣政府之同意。紀錄內容主要有兩點：1.是目前金防部所使用之營區，希望縣政府同意撥用。2.是有關四四高地（一）、（二）營區之搬遷補償，宜以代拆代建，先建後拆之原則處理。

　　在會勘之後，達成了將四四高地（一）（二）營區作為學校用地，已成為縣政府、金防部、校方等三方面的共同願望，未來的工作重點分為下列兩方面：

　　一、有關土地所有權部分，屬縣有土地者，本校已去函向縣政府辦理無償撥用，縣府亦迅速回函表示同意，連同營區外5筆縣有土地，合計7筆土地，一起同意無償撥用作為學校用地，並依規定辦理行政手續。此7筆土地包括了金門公共汽車停車場。

　　二、有關地上物之搬遷補償，金西師吳師長堅持先建後拆、代拆代建原則。經過1998年12月4日之協調，改以專款專用呈報，1999年4月22日第二次協調會，又改為兩案併陳呈報。目前仍在發展中。

無主土地取得費周章

1998.12.15

　　1997年，為了進行有關四埔林場之鑑界，務必通知鄰界之地主。然而，北一段111號土地近2公頃，卻始終不見地主前來鑑界？經與地政事務所（地政局前身）李錫銘先生仔細比對地籍圖，再調閱地籍謄本，始證實該筆土地係無地主之土地。

　　乃與陳世宗主任研商，才得申請登記為縣有地，再由縣府辦理無償撥用為學校用地。其程序是：首先去函縣府財政科出面申請登記為土地所有權人，所需手續費，全由本校金門分部負擔，後來果然順利將該土地登記為縣有土地。接著縣府亦依原先之承諾，同意該筆土地無償撥用為本分部學校用地。

四埔林場通往環島北路的產業道路。

披荊斬棘，身先士卒振宏圖 1997-2001

41

土地無地號，取得傷腦筋

1999.5.20

1997年，為了進行四埔林場之鑑界手續，務必通知鄰近地主一起會勘。惟學校通往環島西路之土地（現大學路兩側）始終無法進行。經查地籍圖，赫然發現這片土地不但沒有地主，而且連地號也沒有。簡言之，就是一塊荒地。

與地政事務所陳世宗主任及李錫銘先生研商後，取得因應之道。首先由金門分部向地政事務所申請編訂地號。俟有了地號後，再由財政科以金門縣政府身份登記為土地所有權人。最後無償撥用為學校用地。

依此程序，在編地號之前，務必先做測量。由金門分部繳交測量經費4,000元。未料在進行測量前，地政所突然通知，該地已有私人依安輔條例前往地政所登記，要金門分部撤銷測量申請，並限期領回4,000元。

碰到此突如其來的變化，我第一時間做如下的決定，即在私人完成登記手續之前，測量宜照常進行。何況私人申請登記土地所有權，亦需要測量與鑑界。

至於私有土地面積和座落地點，俟測量後再進行會勘。與陳世宗主任不斷地研商請教後，終於獲准暫不退回測量經費。

1999年4月3日公告四埔林場校區內有主及無主墳墓辦理遷葬。

墓地遷葬，化阻力為助力

1998.6.30

　　四埔林場原為四埔村落先民之塋地，區內有數百個祖先的墳墓，其村民得知本分部將要遷移其先人之墳墓，乃憤憤不平，向福建省政府陳情，甚至到本分部來抗議。

　　為了化解民眾之敵對，乃利用每天晚上赴埔後社區休憩中心與民眾協商。惟每天接觸不同的村民，各個意見不一致。為了統一說明，乃邀請全村居民到陳氏家廟舉行餐會，席開10桌，出席民眾約百餘人。

　　席間我向全體民眾指出：「慎終追遠是為人子孫者對祖先應有的天職；興學培育後進，亦是我們應有的責任。四埔林場若維持現有的墓園，就不可能提供作為大學用地。反之，若作為大學用地，則先民的墳墓務必遷葬，兩者只能擇一。目前四埔林場之墳墓若遷至公墓，把墓地讓出來做為金門第一所大學用地，誠是一件功德。我想，你們的祖先逝世後，萬萬沒有想到，人死了之後尚能做好事、積陰德。也唯有四埔林場內的先民才有此機會。這是千載難逢的機會。我想，我們為人子孫者，沒有權力阻止我們祖先做好事。」言畢，民眾中有位長輩起身發言，他慚愧地說：聽了你一席話，我覺得很不好意思，我們祖先地下想做好事，而子孫卻一再搞破壞。真的很不懂事。今後若我們族人有再反對者，我將用這支棍子打斷他的腿。今天10桌的錢我出。」爭議多時的遷葬問題從此平息。

1999年6月當年金門分部的會議室。

解除林地，准予砍伐

1999.3.12

2000年11月8日會勘整地工程校地界址1。

　　赴環保署參加審查會議後，回到金門第1件事就是請教張所長，四埔林場是否為保安林場。張所長稱整個金門都是保安林場。有關解除保安林場之申請手續，則請教該所經理課陳課長。次日陳課長將相關表格及林株計算方法相告，並建議申請解除林場管制時一併申請准予砍伐，將來施工興建校舍時，可節省時間。正在進行準備地籍圖及地籍謄本時，陳課長又來電話稱，四埔林場是什麼地目，我告之是「雜、旱」，陳課長回答，不是林

金大崛起——燕南啟道 振鐸浯洲（上）

46

2000年11月整地工程會勘。

地，可免申請解除林場，只申請准予砍伐即可。金門縣政府乃安排於1999年3月會勘，由縣長陳水在親自主持，吳怡跑鄉長亦前來參加。陳縣長表示支持砍伐，惟應有適度補償。談及補償事宜，與林務所洽談時，我告之，林務所旨在植林，不是為了贏得現金之補償，能否以協助種樹的方式取代現金補償。將來整個校區30公頃，均可免費提供為植樹場所。同時，本校負責將樹灌水種活，其價值不亞於現金補償。林務所一語不發，表示再研究。

完成鄉親的願望，水到渠成

1999.3.20

　　金門晚報呂欽毅記者問道，回金門籌設金門分部有否遭遇阻力或比較困難之事？吾應之，沒有。我是做金門人心中想說、想做而未能如願的事。因此，當我去推動時，大家都欣然配合，好像他們已在心中潛藏多時，等待已久。我的構想一旦提出，真是正中要害，無不拍案叫好。因此，我不是能力好、人緣佳，可以把大事做成，而是我順著金門發展狀態和條件，觀察大家的願望，覺得時機已成熟，可謂水到渠成。

　　金門在台灣地區的定位，是決定未來發展方向的先決條件，所謂知己知彼而後百戰百勝，金門不可能去與台北比商業，不可能與高雄比工業。金門的優點，有哪些是台灣無可替代的條件？這是金門在扮演什麼角色，發揮什麼功能的前提。我覺得金門可

1999年12月7日第二期校地現勘。

金門縣解除戰地政務後，縣長陳水在（右三）
向吳京部長（右四）爭取設立大學。

扮演中華民國校園的角色。整個金門猶如一個大校園，各大學都
可來金門設分部，成立藝術家工作室，讓金門充滿文化氣息，提
升文化水平。此外金門是30餘萬旅台金門人的故鄉，要有家的感
覺。假如金門是以色列，則金門人就是猶太人，要營造出讓金門
人願意為金門來奉獻的舞台。

萬事起頭難
——借用仁愛山莊

1997.8.2

　　第一次聽到「仁愛山莊」一詞，是黃校長親口告訴我的，他說金門縣政府已允諾提供縣有「仁愛山莊」借給我們金門分部作為教師宿舍。那時，心想「山莊」應該是一棟棟的山間木屋。

　　1997年7月30日回到金門，先看農場校舍，由張建騰記者陪同，接著轉往仁愛山莊，遠望是一棟古色古香的四合院建築，2層樓，有40餘間套房。由於多年未曾使用，內部有些髒，需要清理修護。在校舍尚未興建之前，有這棟宿舍，足以安定教師生活，頗為滿意。

　　見到盧局長，請局長撥冗去看仁愛山莊。不過他的目的地是去看金湖國小教師休息室，房間40間，不是套房，很簡陋，其品質不能與仁愛山莊同日而語，還是仁愛山莊好。惟盧局長稱，仁愛山莊已有國稅局、法院等中央單位都想要，還是金湖國小教師休息室比較單純。

　　1997年8月2日金門分部掛牌典禮，當天大雨，飛機停飛，陳縣長陪吳京部長赴宏玻陶瓷廠途中，我建議，為了振興金門光觀，仁愛山莊可作為金門分部觀光事業科之實習旅館，以作為金門旅行業者之示範。陳縣長很贊成。至於金湖國小教師休息室，由於盧局長陪我去看的時候，正巧有一條蛇從草叢中奔馳而去，乃以此為藉口，認為四周之安全措施不良，有安全顧慮，宜慎重。

　　在營造對借用仁愛山莊有利之理由之後，陳縣長在吳部長面前答應將仁愛山莊借給我們使用。有關借用手續，與縣政府財

1997年8月商借仁愛山莊為教師宿舍及實習旅館。

政科黃尊仁洽辦。在尚未簽約之前，先借鑰匙進行仁愛山莊之清理，請李錫回主任代洽清潔公司。起初有頂堡之婦女團體有意承包，惟獅子大開口，轉而找漁村的印刷廠老板。吾與老闆懇談片刻，我說我們是來為金門教育建設奉獻的，不是來賺錢，今天的金門教育建設人人有責，為了安頓遠來的老師生活，有錢出錢、有力出力，不要為了清理工作一事而企圖大賺其錢。老板聆聽後，善意回應說此事交給我辦，只收工資，不收利潤。其幹部陳先生多次議價，現場現勘，於是說定。直到開學前才能完工進住。這期間我住在鳳翔新村李增德主秘之房屋。

數月之後，仁愛山莊進行許多改善工程，如水電、熱水器、鍋爐、窗簾、鐵門鐵窗、廚具、除濕機等。不久，金門縣政府計畫將仁愛山莊作為與華南醫院合作的籌碼，而且現勘過。在1997年底的某一天，我在食品科上課，有同仁告知華南醫院正在縣府會談，吾乃提前下課，兼程赴會，並語重心長地道出，金門分部正誕生不久，現在蒸蒸日上，師生在克難環境中辦學，風雨飄搖的此刻，中途撤銷仁愛山莊之租用，實不適宜，於是才穩定了合約。

四處借教室，遇到貴人

1998.10.5

　　在金門分部創設的規劃中，本以為只要農場這排教室整修之後即足以辦學，他們認為教室8間、辦公室2間、實驗室2間、圖書館電算中心各一間，正好夠用。俟開學後，始發現金門農工保留2間教室。另外，保健室、社團活動室及觀光科之實習教室與工商科之視聽教室均沒有著落。整整少了第2屆學生之上課教室，若增科，更是不足。於是乃四處尋覓教室。

　　首先想到金湖國小，主要是金湖國中剛從金湖中小學撤離，留下20餘間教室及實驗室、辦公室等。乃去文借用。結果金湖國小陳賢德代理校長及縣府教育局均回覆因教室不敷使用，歉難出借。失望之餘，乃轉而向縣府洽借邑光國小之空教室及空中大學，曾與李能慧、王翔煒專程拜訪空大李沛慶主任，允諾出借一樓4間教室，其中一間隔成兩小間，可能容不下35人。

　　這期間，湖小換校長，由吳啟騰接任，吳校長是我學弟，吾乃登門拜訪。不過，先見到了楊總務主任。我說，中央政府答應要在金門興辦大學教育，而且准予增科，增加每班人數，可是我們卻因為找不到大教室，而只能每班招收35人，殊為可惜。我們為了發展高等學府，大家口口聲聲要全力配合，可是今天只為了幾間教室，竟提不出配合的條件來向教育部爭取增加招生人數，這是全金門的恥辱，也曝露出金門的無能。

　　楊主任聽畢，回答說：只要吳校長點頭，他沒有意見。這話一出，我心裡已有轉機，我深信可以說服吳校長，也相信吳校長的心胸和大格局。果然不負所望，吳校長答應出借科學館之5

1998年金湖國小吳啟騰校長答應出借教室。

間教室和5間教具準備室,只保留一樓之右側作為合作社及二樓史地資料室。在整修期間,吳校長又答應連合作社那間也一起出借,只保留二樓史地資料室。本校亦以興建停車場回饋。1998學年度第一學期,一年級在湖小科學館上課,並修好停車場,進行順暢。這期間,又洽借鄰近科學館之二樓教室,後來改至技教館,本校亦以修復圍牆及打通防空洞回饋。同時,又借用教師休息室作為學生宿舍,以保留10間作為回報,提供一定比例住宿費美化校園。技教館與學生宿舍均於1998年下學期啟用。技教館作為2年級教室,原二年級教室作為食品科和營建科辦公室,以及共同科教室。此外,我與湖小溝通的論點是:與其教室閒置,又無經費整修,毋寧先由本校花錢整修,使用二、三年後,屆時,把新的教室歸還貴校,這是標準的BOT,而且期限頗短,另外又撥款美化校園,若想做點事應會支持。

校運會上，一鳴驚人

1998.10.30

2003年11月1日本校代表隊出席母校高雄應用科技大學40週年校慶。

　　國立高雄科學技術學院1998學年度校慶運動大會，金門分部在董老師集訓後，覺得獲獎機會大增，乃組成一支90幾人的金門分部代表隊，浩浩蕩蕩地搭機遠征高雄。由於天候不良，乃提前赴高雄，並祈求校運會當天不要下雨，校運會如期舉行。

　　當天上午在校本部行政大樓川堂集合，我以校長名義送橘子，隨後至電機系2樓老師休息室及教室休息。果然運動大會在雨中進行。在老師項目中，已有多項比賽表現優異，主要是校本部參加者少。學生的比賽項目更為精彩，金門分部之士氣隨著越

1998年11月第一、二屆學生參加校本部校運會凱旋歸來與黃校長高職農場校區合影。

來越多的冠軍而逐漸高昂，會場中流傳這是來自前線金門的勝利軍，頗有一股東征之氣。比賽結束，統計得獎數，在18項目比賽中得14項金牌，不僅得到男女總錦標，也榮獲精神總錦標，也迫使7連霸的模具科霸業中斷。金門分部已使校本部師生刮目相看。次日回程，天候不良，在國軍英雄館等候數日，我請大家吃麥當勞，第三天天氣好轉，乃麻煩旅行社陳恩政主任協助訂機位，順利回到金門，心情鬆了一口氣。

八仙過海，各顯神通

1999.4.23

　　金門分部自1997年創設以還，招收的學生多為國立金門農工的畢業生，其學習程度，均屬後段班學生，本來對升學就不抱希望。於是我們辦學之重點放在學得一技之長與輔導就業、考取證照，對升學一途，不敢奢望。至1999年逢二技推荐甄試之季節，乃鼓勵應屆畢業生不妨一試，各科老師亦積極協助。至4月23日，台灣各地技術學院二技推薦甄試大多放榜，金門分部共錄取了8位同學，分別是食品科2名，王美珍考取嘉南藥理學院醫藥化學系，王佩珊考取國立台灣科技大學化學工程系；營建科1名，即胡振斌考取明新技術學院土木工程系；工商管理科4名，即陳欣馨考取朝陽科技大學企業管理系，周勝國考取實踐大學財務金融系、莊玉琪考取實踐大學企業管理系，張泰華考取景文技術學院財務金融系；觀光事業科1名，即呂怡艷考取朝陽科技大學休閒事業管理系。各科均金榜題名，在升學管道上，打出一條信心之路，尤其工商管理科，其錄取率達百分之13，食品工程科則一舉考取台科大之龍頭，可喜可賀。

1997年9月第一屆新生報到，全體教職同仁負責辦理註冊業務。

金大崛起——燕南啟道　振鐸浯洲（上）

56

因陋就簡，搭建鐵皮屋

1999.6.1

1997年9月20日黃廣志校長（前右四）與分部全體教師合影。

1998年8月借用金湖國小科學館以因應增班教學之需。

　　金門分部的臨時校區包括金門農工職校的實習農場、金湖國小的科學館和技教館等。其中，在農場的教室，由於接近行政中心、資訊中心，以及精密儀器中心，因此，空間價值倍增，在空間用盡之後，搭建鐵皮屋是不得已。而搭建一間鐵皮屋要花新台幣20萬元。

　　此外，向金湖國小借用科學館6間教室，條件是幫他們美化校園，花費約20萬，加上整修門窗粉刷等約50萬元，則6間教室，平均每間教室成本約新台幣10萬元。

　　同理，又向湖小借技教館，仍是6間教室，花費整修圍牆、粉刷、安全、門窗，花費約60萬，平均每間亦10萬元。

　　如法炮製，又借了學生宿舍，共40間，市面上，每間月租約2,000元，40間約8萬元，一年約1百萬元，遠超過投資。

　　準此，借用並裝修教室，每間可減少支出10萬元，而且湖小校園亦收整修美化之效，預計本校新校區啟用後，將來教室原封歸還，堪稱BOT。

跑得太快，
教育部抓不住

1999.6.4

　　1997年，本分部創設之初，報請教育部核准之校地，僅有縣府提供無償撥用的四埔林場14.39公頃土地。兩年來，一方面進行四埔林場的測量、鑽探、鑑界、環評、都市計畫變更等土地開發前的必備程序，以上工作均已於1999年5月18日前完成，惟尚待報教育部備查。

　　另一方面，在四埔林場以外之土地，這兩年來，往環島北路發展，包括四四高地（一）、（二）營區已遷出，縣府無償撥用縣有土地8筆，合計約2公頃，以及北一段111號無地主土地於登記為縣有土地之後，再由縣府同意無償撥用，面積約3公頃，此外，其間之私有地6公頃亦在規劃中。

　　往環島西路發展，積極爭取寧湖三劃4公頃無地號、無地主土地。

　　以上在四埔林場以外之土地，已獲同意無償撥用之縣有土地達5公頃，另外4公頃無地號、無地主土地正進行登錄中。

　　今（1999年6月4日）天，教育部胡茹萍小姐表示，金門分部依規模及經費能力，需多少校地，應將需地計劃書先行報部，核可後再進行。言下之意，是指不可跑得太快，依教育部指示前進一步再走一步。

2006年5月13日母親節
杜正勝部長（左）專
程向李金振校長的母
親獻花致敬。

教育部陳德華司長（左一）蒞臨金門分部視察。

洽購私有地，登門拜訪

1999.10.14

教育部黃政傑司長（右二）蒞臨金門分部視察。

　　四埔林場從1997年8月2日宣布由金門縣政府無償撥用為金門分部學校用地以來，迄今1999年10月14日，已完成土地測量鑑界、環境影響評估、林木砍伐會勘、墳墓遷葬公告、都市計畫變更、土地開發許可等業務。如今，綜合教學大樓已完成規劃設計，正準備向金門縣政府申請建築執照時，有一個難題務必克服，就是校區內土地產權應事先處理清楚。

　　10月7日陳水在縣長召開協調會，指示建設局林局長如何配合，惟兩筆私有地先區隔出來，從新計算總面積，然後再送件審查。

為了先向兩筆私有土地地主徵詢意見，乃於10月12日由李根遠代書代為尋找兩位地主之姓名、地址，果然於10月14日就有答案。

　　這兩位地主分別是許浩雲先生和林永棟先生。知道這消息後，乃於1999年10月14日晚上6時，首先與李根遠研商如何談判。晚餐後，大約8時，立即出發登門拜訪。

　　地主之一的許浩雲先生，其父親剛過世，其母親在家，不諳地政，乃電話通知其弟來瞭解，經解釋，很快就接受，覺得能獲取土地徵收費，又能在金門技術學院建校紀念碑立名，是很光榮之事，原則沒問題，細節俟慢慢研究再決定。

　　另一位地主林永棟，是位80餘歲老翁，他老人家亦認識家父，因此，認為售地興辦大專院校屬大眾事務，一定支持。相談甚歡，頗有共識，細節俟與其任教於中正國小的兒子詳談後再決定。

　　今天的訪談，得到比預期還好的效果，惟在技術面和手續細節上還得繼續努力。馬上要達成的目標，是先取得土地使用同意書，李根遠已把表格填好，待數日後再訪問。

創校伊始，只靠農工保送

1999.12.15

1997年9月草創時期的金門分部師生舉行升旗典禮。

　　1997年，金門分部創設之初，我就職分部主任之前，已舉辦招生工作，計由金門農工職校推薦保送80名，每科20名。次年，吾乃與金門農工協商逐年遞減保送名額，每年減少2名。因此，1998學年度每科保送人數由20名減少為18名，四科合計72名。

　　1999年度招生之前，約12月13日為王添富校長祝壽時，他向黃校長請求維持去年保送員額，黃校長既已答應，吾乃不便再討論，遂維持每科18名，4科合計72名。

　　2000學年度，為提早作業，於1999年12月初，與各科研商保送員額。同時，正逢分部增設資訊管理科，科系由4科增加為5科，每科保送人數由18名減少為15名，5科合計總數則由72名增加為75名。

赴台甄試，趕搭緝私艦

2000.4.14

　　2000學年度應屆畢業生黃泰勛等13名學生於2000年4月14日下午赴料羅港，在李沃實警官的協助下，搭上海巡總署海洋署和海岸署之緝私艦赴台。後來被艦長發現覺得不妥，乃叫小艦送學生上岸。此時，大約下午6時，黃同學打電話向我報告。

　　緊急聯絡陳清寶立委，他說讓艦長打電話給他，吾乃把陳立委之行動電話號碼告訴黃同學，請他打給陳立委，再交給艦長聽電話

　　陳立委接洽結果，要學校寫一份切結書，到港口碼頭交給艦長。我準備妥當，與董燊、陳建民、蔡承旺等4人驅車趕往料羅。

　　在港警所將手續辦妥，黃同學回話說：船要開往台灣了，一切辦好了。

　　我們回程途中，約晚上8時，黃同學再次來電說：船艦已下錨，在等陳立委回話。惟先前，我已告訴陳立委辦好了，現在要重新再來拜託一次。

　　陳立委拜託姚高橋的秘書及金門地區海巡部林副隊長去處理，林副隊長奉指示趕上艦艇，讓學生寫下切結書，自負全責且無安全顧慮。辦妥後，一切順利。同時，原先艦上其他旅客全部下來，此趟完全接送學生赴台應考。

安靈無所，想到就掛心

2000.7.31

今天是農曆7月1日，是民間所謂鬼月之始。由於昨天就趕回台灣，準備今天下午出席校本部教評會，早上看電視，始知是農曆7月1日，不禁想起於今年5月初自四埔林場撿起61座有主及無主之墳墓。由於尚未找到靈骨塔之興建地點和型式，與家屬尚未談妥定案，因此乃暫時將其骨灰安置於營區內。我還數度關懷擔心是否會淹水。得知已墊高，並不成問題，才放了心。將來將骨灰安置於靈骨塔後，不僅興建涼亭紀念，並立碑肯定其捐地興學之貢獻，讓後人景仰。

整個四埔林場不僅只有這61座墳墓，這只是綜合教學大樓基地所撿起的一部分。將來整個校園內，預估个卜數百件，將 併妥善處理。不可厚此薄彼。

未來委請建築師詳加規劃設計後，於春秋兩季，由金門分部負責人主持公祭，此公祭將列入學校之傳承。

以上之構想和計劃，是經過與埔後村民鄉親民眾多次協調、溝通、吵架、妥協，最後達成共識。未來若由我接掌金門分部獨立設校之籌備處主任，將繼續努力，以求貫徹。反之，若由他人接任，則當由接任人負完全責任，我不在其位不謀其政。

進度應從終點往前逆推

2000.9.15

2000年9月15日，今天陪同教育部楊德川會計長逛街，黃校長打電話來，指曾組長等一行是否已回台灣，若否，請立即回來。

原因是燕巢校區之雜項工程1億5仟萬元迄今尚未發包，王總務長竟然不知道，言下之意，曾組長將此事耽誤，連總務長都不讓他知道，更遑論讓校長知道。

此問題存在已久，問題出在，總務長對總務流程不深入，沒有急性子的脾氣和非成功便成仁的勇氣，營繕人員對行政業務追求零缺點，按部就班，從起點出發，走一步算一步，到什麼時候完成，視流程之各階段所花時間而推算，該如何就如何，否則沒有辦法。

2001年2月9日四埔林場校地現勘。

吾以為，先將目標鎖定，何時完工是結論，這是不變的道理，在起點與終點之間，有多少時間可用，再做運作，可節省時間者，絕不可浪費，先要有，再求好；若未完成手續，再好也枉然。

　　金門分部曾犯了二次類似錯誤：

　　一、校園整體規劃，從1997年起，直到1998年6月才發包，在訂定遴選建築師辦法上花了太多時間，因此，延遲到1999年9月才完成。

　　二、綜合教學大樓開工太慢，1999年7月之預算，於1999年9月取得建照，卻至2000年3月才開工，行政手續花了9個月。

2000年1月1日金門分部假莒光樓舉行跨世紀倒數計時。

建立公共關係，才能得道多助

2000.9.19

1998年9月1日金門縣長陳水在頒贈創設金門分部的黃廣志校長感謝狀。

金門分部成立以來，曾有少數老師批評分部主任常去應酬，覺得不以為然。

事實上，金門分部是各種力量之支持而存在的，若無各方之力量，金門分部沒有任何自發的力量而獨力生存。

例如：與金門縣政府之交涉，需要校地、仁愛山莊、建造、聯外道路、地政、財產，申請建築執照等，在在都需要縣府。校地中之四四高地（一）、（二）營區，需要軍方配合；與中央駐金單位，如國家公園；國有財產管理局金門辦事處，校地中有三筆國有土地需要處理；與金門地區各級學校，例如金門農工借用實習農場、金門中學借用英士樓、湖小借用科學館、技教館、學生宿舍；與教育部，舉凡每年之預算、增科等校務，均需教育部核准；與校本部之關係更是密切。此外，中央政府各部會，如環保署負責環評，內政部負責都市計劃變更，公共工程委員會負責重大工程審查。

總之，金門分部是一個有待仰賴各方扶持的個體，猶如八掌溪的4條好漢，若有繩索與岸邊掛上，即可屹立不搖。試想，蜘蛛之網無論做得再好，若未能連接牆角或樹枝，終究不能產生作用。

如何把工作士氣帶起來，
把氣給調順了

2000.10.21

2007年3月1日接受教育部95年度技術學院評鑑。

現在金門分部出現不同的聲音，有不滿現狀者，覺得攻擊者有其形成的潛在理由，不必大驚小怪，大有造反有理之意味。

同仁中有人正忙著進修，不想被波及而壞了大事，一切明哲保身，不要惹麻煩。亦有人發自內心支持我，指反對者是為反對而反對，令人不齒。

我則操心著如何把大家組織起來，為金門分部之籌設而動起來。著實，這3年多來，不能發揮團隊的力量，不僅是金門分部之損失，其個人亦不被重視而沒有成就感。有心人更以此指分部

主任不尊重專業，不講道理，隻手遮天。

從客觀的事實而言：

一、編制內的主管，科主任、組長比較可以要求，惟科主任推動之科務，應有計畫，有進度，可供檢視的，組長之業務應建立制度，流程，建檔。

二、任務編組者，請先提出基礎性之工具和方法，建立一套服務之機制，限期提出工作計畫。

三、其他專任教師，請提供時間，定期討論可以幫忙的工作。

無論是兼職行政主管或專任教師，每一位同仁都有如下之需要：

一、受到尊重，尤其是平等待遇，相同的機會和參與權。

二、受到肯定，在團體中是有價值的人，要給上場的時間。

三、要明確交代工作主題和完成時間，而且這工作對他而言是再恰當不過了，要把話講出來。

四、好的表現要有獎賞，如何獎賞，要明確而且及時，不能拖，若無明文規定者，可先解釋，並口頭獎勵。

總之，用同理心去想，一個人可以接受，可以拒絕，但不能不理不睬。

回首來時路，歷史成永恆

2000.11.8

2000年10月28日，本校高雄應用科技大學舉行慶祝建校37周年校慶運動大會，全校包括日間部13個系、進修推廣部13個系，進修學院13個系等39個單位均選拔代表參賽。金門分部亦從二專日間部一年級170位學生中選出71位選手代表參加，合計有40支隊伍參賽，其陣容可謂空前。亦是本校慶祝改名為國立高雄應用科技大學之最高潮。

上午7時30分在行政大樓川堂集合，金門分部安排在最後一隊，8時準時進場。大會司儀播報金門分部過去之輝煌紀錄，即上屆校慶運動會，在18項比賽中，金門分部囊括了14項金牌，震驚了校本部之各科系師生。本屆更是以衛冕之姿態參賽。這時，大會目光注視金門分部之隊伍，我想大家是半信半疑，覺得可能嗎？金門分部看似不怎麼特別，上屆是否運氣特佳，本屆會那麼幸運嗎？在比賽前大家拭目以待，司令台上站滿貴賓。除主席黃廣志校長外，還有校長夫人、女公子、前教育部政務次長吳清基、高雄縣余政憲縣長、金門砲指部楊郁浥指揮官，以及多位校長、民意代表，可謂冠蓋雲集，好不熱鬧。

校慶典禮完畢後，校運比賽立即展開，經過初賽之後，金門分部陸續過關斬將，逐項晉級。俟決賽開始，金門分部更將實力發揮到最高點，金牌節節增多，大會不斷播出：「現在領先的是金門分部」、「金門分部率先抵達終點」等聲音不絕於耳。冠軍獎盃一座座到手。座落於土木系館三樓的金門分部選手休息室，每一位師生個個都喜不勝收。個個都能感受到身為金門分部一份

2000年11月22日四埔林場通往環島北路聯外道路（現大學路）原貌。

子的驕傲。

　　10月28日、29日兩天的賽程閉幕後，金門分部在參賽21個項目中，共榮獲16項金牌。分別是女生組，參賽9項，獲8金1銅，男生組參賽12項，獲8金1銀。分析得獎項目，可歸納出下列特質，即金門分部在參加21個比賽項目中，凡是2人以上的合作項目，均百分之百榮獲冠軍。例如：2人3腳、籃球、400公尺接力賽、800公尺接力賽、1600公尺接力賽、拔河賽、2000公尺大隊接力賽等12項比賽，金門分部獲得百分之百冠軍，即參賽的每一項目均獲得冠軍；此外，在21項比賽中，僅有5項未獲冠軍者，均為個人組的比賽。從以上分析顯示，金門分部是一支著重團結合作之隊伍。

　　有云羅馬不是一天造成的，金門分部創設之初，是什麼東西也沒有，在黃校長領導下，一步一腳印地走過來，一磚一瓦地建造過來，因此，每一位金門分部人，都是打造這座學術殿堂的工程師。記得在1997年9月1日前夕，金門分部即將開學，4科134位學生立即要上課，可是教室在哪裡呢？正在整修中。課桌椅在哪裡呢？正在組裝中。在校長親自動手帶頭做之下，全分部12位老師個個都不敢懈怠，日以繼夜地打拼下，終於如期開課，可真是一分鐘也沒有耽誤。

　　還記得1997年7月29日金門分部12位老師一起赴校本部領取聘書時，校長耳提面命，勉大家人人都在為金門高等教育寫歷史。大家的一言一行，即是在歷史中留下紀錄，人人都是金門高

教育部呂木琳次長（左一）蒞臨金門分部視察。

2005年11月3日立法院王金平院長、黃廣志前校長等參與學人宿舍動土典禮。

等教育的功臣。二天後，金門分部正式於同年8月2日掛牌。在教育部吳京部長和黃校長、金門縣陳水在縣長等金門分部催生者共同主持下，金門縣一千多年來殷切期盼的第一所大學，終於在各界熱烈歡呼中誕生了。

　　由於尚未進行校地開發，在校舍尚無著落下，暫時借用並加以整修的國立金門農工實習農場上班上課。由於時間緊急，許多圖儀設備是開學數月後，才陸續採購、驗收、啟用。金門分部這個剛誕生的新生命，在每一位師生一點一滴的灌溉下才逐漸發芽、成長。次年，第二屆學生入學，教室和辦公室均不敷使用，於是一方面向金湖國小借用教室和學生宿舍，一方面加蓋鐵皮屋，在克難中進行教學活動。

　　大家都一致體認，金門分部從掛牌那天起，已是一個有機體，而每一位金門分部人是其細胞，每個細胞都貼了金門的標籤。

　　就金門分部這個新誕生的團體而言，可謂集三千寵愛於一身，首先是校本部，尤其是校長黃廣志博士，他夠資格稱為「金門分部之父」，打從金門分部誕生起，黃校長就發自內心地愛上金門分部，並愛屋及烏地愛上金門，還因此而獲頒為「金門縣榮

譽縣民」，被尊稱為當代朱熹。此外，校本部每一位教職員工都以愛護的心情，疼惜的態度，輔導金門分部成長茁壯。校本部與金門分部的特殊感情和親密關係，在當前講究現實的社會，可謂奇蹟。

金門分部之成長過程，除校本部之愛護外，金門縣軍民各界、教育部等中央相關部會，可以說是金門分部之阿姨、舅舅。舉凡金門分部所欠缺者，都毫不保留地提供。要校地，鄰近的縣有地，幾乎都已經無償撥用給金門分部。在校舍尚未落成啟用之前，金門縣立金湖國小更是排除萬難，國立金門農工亦在空間不足的前提下，允許在其實習農場加蓋鐵皮屋，金門中學亦在金門分部借用仁愛山莊3年期滿後，主動伸出援手，借用英士樓作為儲藏室及教職員宿舍。

金門分部是金門自唐朝陳淵到金門擔任牧馬候一千多年來的一件大事，每一位有識之士都把握此千載難逢之機會，不願成為歷史的缺席者。金門分部的每一位教職員工更是直接地成為金門分部的一份子，成為金門分部組成的細胞。每一個細胞的貢獻，決定了金門分部之體質。金門分部亦成為大家榮辱與共，利害攸關的生命共同體。是故，金門分部從剛創設時的12位教師4位職員，到現在29位教師8位職員，每一位成員所關心的是金門分部之成長茁壯，每一位成員的努力均對金門分部有所幫助。大家疼惜金門分部的心情，巴不得將自己的全部資源貢獻出來。猶如校長所說的，大家都動起來，深怕自己的遲緩而跟不上金門分部快

速成長之腳步。亦唯恐自己之不留心，哪怕只是無心之過，都擔心讓金門分部受到傷害，都會因此自責，久久不能原諒自己。這種自覺，就是金門分部成長的心情。

在競競業業地推動校務下，兩年後，1998年6月，金門分部有了第一屆的畢業生，由於過去沒有任何升學的經驗和紀錄，一切都在陌生和新鮮中摸索。放榜了，各科捷報頻傳，科科都有金榜題名，高校體系已經跨海延伸到金門。不升學的畢業生，亦投入各行各業貢獻所學，本乎金門人堅毅不撓的精神，成為金門有別於高粱酒和貢糖的另一種特產，那就是人才之輸出。1999年6月，第二屆畢業生出爐，在升學方面，一口氣考取二技推荐甄試者達33位，比第一年增加了4倍。

無論在升學方面，或在運動比賽方面，金門分部之所以能端出亮麗的成績，所憑藉者，不是人人能否出什麼主意，發現什麼瑕疵，指正什麼可以做得更好的缺點，找到違背程序的兇手。而是在大家慎思明辨之後，奮力向前實踐。在沒有私心的前提下，雖然沒把握做好，但去做總比遲疑好。在尚未建立制度下，公平的遊戲規則或難建立，但大家所看到的是金門分部整體的利益而非個人的得失。在抱定犧牲的精神下，創造了大我和小我雙贏的成果。個體在團體快速發展下，福利雖未能達到絕對相等，但從另一面觀之，沒有哪一位同仁在金門分部服務期間被剝奪什麼權利，或損失了什麼福利。若要比較，就不敢說能做到百分之百平等。

受邀參加兩岸小三通首航，
與有榮焉

2000.12.17

高雄應用科技大學黃廣志校長
（右）與金門分部李金振主任
（左）應邀參加小三通金廈首
航。

　　闊別53年之久的兩岸關係，終於由金門、馬祖兩縣率先試辦小三通。相關政策與技術問題，目前正由相關單位協調中。主導兩岸事務關係之海基會，並於2000年12月15日派處長來金門安排設立金門辦事處之場所，足見已做好迎接小三通之準備。

　　金門縣政府亦積極安排小三通之首航事宜，時間訂於2001年元月1日，參加人員有192位，本校有幸被邀請之人員共兩名，分別是校長黃廣志博士和金門分部主任李金振，將拜訪廈門大學等學術單位。據主辦單位表示，屆時，將見廈大校長，雙方將就學術合作與學術交流交換意見。

　　想到從小在槍林彈雨長大，先父曾被誤會為與廈門有書信往返，險遭處死。在與廈門敵對半世紀後的今天，能以和平方式結束不共載天的世仇，誠是歷史上的大事。

　　吾人有幸能參加此千載難逢之盛會，實拜金門分部創設所賜。

三個和尚沒水喝，解決有方

2000.12.23

　　常聽人家說，一個和尚挑水喝，二個和尚扛水喝，三個和尚沒水喝，這句話耳熟能詳，其意是人多了，工作反而互相推諉塞責，工作反而沒人做。

　　吾人以為，大和尚在分配工作時，當第2個和尚報到後，為什麼要他去挑水呢？可以分配其他的工作呀。正因為大和尚又重覆分配第二個和尚和第一個和尚做同樣的工作，始造成二個和尚扛水喝。事倍功半。尤有進者，當增加到第三個和尚時，大和尚又分配他去和前兩個和尚做一樣的工作，始造成三個和尚沒水喝。

　　吾人管理金門之人事，對於人力資源之開發，亦當有3個和尚沒水喝的窘態，原因如上，既沒有分配工作給大家做，致大家對舊工作（挑水）不想做，對新工作亦不知有什麼可以做的，於是，分部之教職員工，人數愈多，工作責任愈不知如何歸屬。

　　解決之道，首先是找工作給大家做，所謂「找工作」，不是交待工作細節請大家照著做，而是交待工作目標，試問金門分部目前要達成那些目標。

　　把欲達成之目標視為一種任務，亦即一項工作，逕交給一位或一組人手去完成，並要求限期完成。

人少事多，責任重

2000.12.30

金門分部李金振主任（右一）與師生同仁合影。

　　金門分部是為金門大學而設立的，它一旦誕生，就朝永恆的方向發展，直到永遠。

　　吾等有幸參與斯事，即以有限的生命，搭上永恆的列車，是何等幸運。

　　惟在草創之初，只有教學單位的人員編制，沒有籌備處的任何人員編制，只有教師的員額，沒有職員的員額，更沒有工友的員額。同時，為了求成長，又要逐年增設科系，否則就會因不具規模而胎死腹中。在行政人員不增加的前提下逐年增設科系，又要馬兒好，又要馬兒不吃草。

　　此般情景，猶如電力公司的用戶不斷擴充，而電力公司又未增加設備，要使之不斷電也難。

歷史時刻，金廈小三通首航

2001.1.3

闊別53年的金門與廈門，歷經半個世紀不相往來，終於在今（2001）年1月2日上午達成。

清晨6時30分，司機李先生尚未來接，吾乃親自驅車赴金瑞飯店接黃校長，7時之前抵料羅，儀式後，於9時啟航，2小時後，陸續穿越大膽、二膽……五膽，進入廈門水域，海面佈滿捉鰻魚苗之魚網，輪船被迫放慢速度。台辦人員登上我們乘坐的太武輪，另一艘浯江輪專門載物品，一路馳進廈門港，約中午12時，抵廈門港。

2001年1月2日午餐，接受金門同胞聯誼會午宴招待，下午參觀碼頭。晚宴接受廈門市郭副市長在悅華酒店迎接。當天晚上拜訪廈門大學台研院劉國深院長。

2001年1月3日上午拜訪同安區，下午參觀大嶝鎮，土地面積13平方公里，人口約2萬人。利用參訪免稅商店時買了兩個皮包。

2001年1月3日下午參訪廈門大學及海滄大橋。同時，並參觀環島濱海公路。

為期兩天的金廈首航行程，有下列感想：

一、近10年之開放政策，使廈門有長足進步。

二、濱海公路之建設大手筆，碧草如茵、草木扶梳，景色幽美，已帶動投資意願，證明要求富裕，其捷徑是先建道路。

三、廈門市容整潔綠化，街道兩側高樓林立，一片欣欣向榮。

小三通首航，兩岸從對峙走向交流，象徵和平時代的到來。

　　四、行政倫理很徹底，團隊精神令人佩服，主管不卑不亢，有原則、有條理、有深思。

　　五、在消費財方面力求節省

　　六、廈大教師宿舍很完備，校方出地、教師自購。

小三通首航第三天，泉州參訪

2001.1.4

今（2001年1月4日）天的行程是赴泉州市，清晨6時起床，校長先洗臉，我接著其後，又忙著整理行李，準備退房，校長行動敏捷身手矯健，我自嘆不如，忙中有錯，忘了帶梳子，早餐時，轉回1120房取回，又忘了帶門卡，覺得與長官同房，總不自在。

上午到泉州市參觀，先經石井港，該港距金門草嶼，山西、馬山較近，西側可見小嶝島。該港隸屬於晉江市，市長龔清概是位帥哥，年青有幹勁，市容之重大工程建設，首推公路及機場，雖未目睹，據聞係由民間集資興建的。石材是晉江之特色，遍地石頭石板，可謂石頭之鄉。

到了泉州市，到處都是文物古蹟，千年以上者，首推開元寺，其中雙塔更是工程之奇，清涼山之山色和山腳下之李耳石雕，可謂巧奪天工之傑作。此外，各宗教並存共榮，可謂一座宗教博物館。大街小巷之建築物，結合閩南傳統建築風貌和現代的高樓格局，可謂大手筆的古典新建築，嘆為觀止。

晚上赴泉州文化藝術中心看表演，綜合布袋戲、九甲、南管、傀儡戲，有傳統的基礎，又具現代的幽默、逗趣，很有創意，活潑而不流俗。

同安市的大嶝島，小嶝島，原屬金門縣行政轄區，1949年後，行政區之重組，改歸屬中共，現大嶝與大陸之間有橋樑貫穿，長約1公里，退潮時可見橋墩，遲早將成為滄海桑田。

政治立場之角色互換，正當昔日金門縣把大嶝、小嶝納入版圖之際，如今泉州市政府也把金門化入其行政區，無異於螳螂捕蟬、黃雀在後。

　　圍頭港是晉江之大港，距金門復國墩約10公里，將來可扮演兩岸經貿之吞吐港。

廈門的建設，如今已有模有樣。

小三通首航最後一天，
遊歷鼓浪嶼

2001.1.5

2001年1月5日清晨起了個大早，一方面是回程要整理行李，一方面不想讓校長等我。早餐是合桌用餐，有傳統之早點。8時40分從泉州赴廈門，10時前就抵達碼頭，乘渡輪赴對岸鼓浪嶼。渡輪寬敞乾淨，有秩序。兩岸相距約2公里，隔岸即可看到島上風光明媚，號稱音樂之島。據說，鼓浪嶼面積1平方公里多，曾有居民2萬5千人。為了島上整體規劃為觀光島，居民只可遷出，不許遷入。目前尚有1萬5千個居民。

該島為英國、西班牙等人所開發，島上建築西化，有領事館及監獄，亦有老舊建築民宅。沿路之商店因應觀光客而生。島上沒有汽車，只有小型接駁車，大多以步行散步為交通工具。之所以有音樂之島之雅號，全島1萬多人就有700多架鋼琴，而且出了許多位鋼琴家。沿海之九曲橋是一大特色，鋼琴博物館亦是值得一見。鄭成功石雕像就在該島上，位於廈門港口處。背後是海滄，有跨海大橋貫穿，前有漳州，港外有青嶼島，是廈門灣與外海之交界。青嶼與大膽、二膽形成一串群島。

從經濟角度分析，漳州與廈門佔福建省生產總值4分之1，福州和泉州各佔4分之1，其餘各縣市合佔4分之1。從人口角度分析，廈門市人口150萬人，泉州市700萬人。

就景觀而言，道路寬，草坪花木是其優點，樹小而少，是其缺憾。隧道乾淨，用花崗石材，是其特色。道路車輛少，而且破舊。道路之建設與車輛之品質，很不相稱。儘管大多用花崗石築成，很堅固有質感，據說不耐震。

破冰之旅，百聞不如一見

2001.1.7

　　綜合2001年1月2日至1月5日這4天來的小三通首航之感想，這是分隔53年的兩岸關係之解凍，號稱破冰之旅，或世紀之旅。對我來說，我出生之日，兩岸就不相往返，今年我53歲，有機會參加首航，至感榮幸，茲歸納下列感想：

　　一、很好奇，很想看看，一睹長輩口中之廈門，尤其是我小時候在海邊所遙望的大陸沿岸。

　　二、廈門之環島公路，寬而美，花草豔麗，海灘直逼岸上，與草坪銜接，連成一體。

　　三、隧道之花崗石拱門，展現建築的力與美。

　　四、街道兩側不准停車，騎樓看不到機車，街道與騎樓之間設置欄杆相隔，不許行人走入車道，也不許路邊停車，真正做到人車分離。

　　五、篔簹湖原為海灣，經整治後，已成為最現代之湖濱公園。

　　六、泉州古色古香之街道，結合閩南建築與現代洋房之優點，整條街美不勝收。

　　七、高速公路寬而清潔，配備與台灣差不多，但尚未形成車潮。據說，北達東北，南達廣州。

　　八、頂級濱海道路，以花草布置的分隔島，六線道加慢車道，頗具國際水準。

　　九、整個廈門高樓林立」，尤其，興建中建築與日遽增，如雨後春筍。

金門古時屬於泉州，黃廣志校長（左）與李金振主任於
2001年首次登陸一看，重回歷史現場。

十、行政主管有威嚴，致詞一板一眼，很有節奏。

十一、所見所聞一片欣欣向榮，有朝氣，人民都深信明天會
更好。

十二、泉州民俗文化濃厚，藝文活動兼具傳統與創意。

臨時取消搭機，逃過一劫

2001.1.15

今天（2001年1月15日）星期一在成大上完課後，依往例是搭10點30分立榮航空飛往金門，因為每天只有一班，別無選擇。

然而，今天下午4時，另安排呂欽文建築師在校本部高應科大進行整地雜項工程圖說簡報，所以沒有回金門。

中午得知崔春華秘書帶金廈首航紀念酒來高雄，我乃順道赴高雄機場接機。不久後，得知上午11時30分，立榮航空從台南飛金門的班機，抵金門機場時，輪胎爆破，造成損毀，機場因此而關場，直到5時30分仍未恢復。這航班正是我原先訂位飛回金門的行程，由於臨時決定赴高雄校本部洽公而逃過一劫。

本來坐飛機就有幾分風險，尤其立榮航空，機身小，只乘坐50人，每次降落前，左右大幅擺動，真擔心著地時，會衝撞其中一個輪胎，造成折損。

回金門三年多來，每週乘坐兩趟，一年52週，至少乘坐了100趟，三年多來，已搭約400趟，每趟都是一次冒險。

生死有命，每次回金門的感覺是，飛機著地之後才算安全，才能計畫未來要做的事，也象徵一種希望，至少未來一週的時間可以在金門好好的做事。

對於未來，只有一週的時間可以計畫，不敢有太長的計畫。

任勞而不任怨──無功
任怨而不任勞──無用

2001.1.30

　　2001年1月26日正值農曆大年初三，高雄應用科技大學研發長廖斌毅偕校友中心主任潘正祥到台南濃園滿漢餐廳請宴，與宴者有陳金雄、楊明興、李晏杰、衛祖賞等人，其中衛祖賞主任言多，值得參考者有一言，即任勞而不任怨者無功，任怨而不任勞者無用。引伸如下：

　　一、任勞而不任怨者無功：舉一例，過去，內子麗媛有一篇報告無法完成，造成壓力，乃求助於我，並以壓歲錢為條件，若我幫他完成此篇論文，她願放棄今年的壓歲錢云云。我未正面回應，只埋首寫報告就是，於大年初五（2001年1月28日）順利完成，題目是「精熟學習法之理論與應用」，共6000字，麗媛欣喜若狂，喜不勝收。而我在大年除夕之日，亦忙著報告之構思，而真的忙得忘了包紅包。此事正好作為麗媛茶餘飯後開玩笑的話題。說寫了一篇報告值數千元之壓歲錢。

　　吾聽了，乃壓抑不住心中的不滿而自然流露。如此反應，更激起麗媛的不解，惡性循環下去，當然前功盡棄。

　　二、任怨而不任勞者無用：有云，懶惰者，任憑你如何責罵，均無動於衷，大丈夫說不幹就是不幹，如此羞辱均不生氣，只要可以不做事，愛怎麼罵就怎麼罵，此人無用也。

　　能任勞者，有用也。能任怨者，有功也。有用、有功者，可謂有功用的人，這是成功之秘訣。

金門分部主任李金振與夫人陳麗媛女士參觀民俗文化村。

　　黃校長更補之以任謗，此之任勞、任怨、任謗，
即所謂忍辱負重也。

　　任勞就是能勝任勞務。

　　任怨就是能勝任別人埋怨，而不去還以埋怨。

地主讓路，
不要讓肯吃虧的人完全犧牲

2001.3.15

　　今天（2001年3月15日）下午與李根遠相約於3時20分去拜訪四埔林場連外道路的私有土地地主之一，徐水火先生。他是徐大富的叔公。李根遠與他聯絡時，他說他認識我，從小一起長大。

　　因此，今天下午之談話非常順利。為了金門的大學教育，徐先生非常同意。我和李根遠都認同其犧牲之精神，並主動為他設想。在校園這邊，我完全要價購，不必分隔。在北側部分，則可以討論，只徵收計畫道路4.5公尺深入的土地即可，即50公尺長、20公尺寬的土地。先分隔成兩塊，其中一塊是50公尺長、4.5公尺寬，徵收為道路，另一塊是50公尺長、15.5公尺寬，保留給地主。

　　此事之所以能成功，第一是我不是為一己之私來談事情，故理直而光明磊落，氣很正。第二我肯定地主的私有財產，不要因為肯吃虧而完全犧牲。

金門分部主任李金振（右）向教育部呂木琳次長（左一）與金門縣教育局盧志輝局長（左二）報告金門分部之校地徵收。

破釜沉舟
為創校奮力一搏
2001-2003

資治通鑑給天子讀，
三民主義給人民讀

2001.3.15

李金振校長編著「從比喻故事領略孫文政治學說」系列叢書。

今天（2001年3月15日）我去營建一上「國父思想」課程，由於這個課程的人物思想，距今久遠，有代溝，不易吸引學生注意，同時，不立即實用，不受重視。

吾分析國父思想之重要性，有下列理由：

一、國父思想是近代、現代革命先賢之集體創作，例如宣言、誓詞，一定是多人之討論，經國父提出構想寫作成結論書。

二、是中國文化5000年來之結晶品，吾人沒有時間去閱讀中國古書，也看不到精華，國父幫我們整理了，可以節省時間，並抓得住重點。

三、是世界潮流的主流，國父行萬里路，讀萬卷書，將之歸納成三民主義。言簡意賅，放諸四海皆準，很正確，可大可久。

四、國父的智慧傑作，有殊多創見，可以參考欣賞。

如果我們時間有限，可以經由國父思想來洞察世界觀、時代觀。此外，中華民國憲法將之融入條文中，迄今仍是顯學。

動腦、動口、動手各得其所，
不踰距

2001.3.29

　　在金門分部近4年來，在行政工作上，常感到不知如何發揮群體的力量，總覺得自己安排自己要做的事很容易，但要安排事情給他人做卻很困難。於是常常一個人做得要死，而他人亦不知如何插手。

　　這次，為了準備金門分部獨立設校事宜，教育部預定於2001年4月13日（星期五）組成訪查小組來金門實地訪查。我把工作之要求，具體地列出來。

　　一、首先請各行政單位、學術單位分別列舉已經完成及計畫完成的工作項目，彙整之後，各單位相互參觀。

金門分部李金振主任（左三）向審查委員說明綜合大樓的三級品管。

教育部陳德華司長（左一）陪同審查委員視察金門分部。

二、請各單位將準備之建構，概況等資料，以單槍投影機方式進行簡報，安排於2001年3月28日辦第一場，各科系及編制內行政單位已完成簡報。

三、我的要求如下：

1. 學術單位包括(1)行政事務(2)教學(3)研究(4)服務各項之規劃、特色和成果、設備等。

2. 行政單位，依人事手冊及實際工作內容，列出單日工作項目，而後逐項完成下列工作
   (1) 計畫：何時做，誰來做，用什麼做，材料、表格等。
   (2) 執行：實行之步驟，流程，方法，具體圖解更佳。
   (3) 考核：以具體成果呈現。如紀錄、建檔、相片等。

結果各單位在秘書室聯繫下，做得可圈可點，彼此觀摩，有激勵作用。

我想，要是我一個人做，絕不可能做得如此好，足見眾志成城。我出主意，至於如何做各憑本事，才會多采多姿。動腦筋者，不要多言，把意思表達清楚即可，不必說服。動手做者，亦不必多言。

增設科系，明知不可而為之

2001.3.29

每年的這個時候，大約是3月份，是教育部審查下一學年度（2002）新增科系的時候。

今年比較晚，到3月底仍未召開，我打電話到教育部技職司陳先生，得知已訂於2001年3月30日上午9時假B棟18樓第1會議室召開。校本部習慣在會後，儘速打聽消息，獲取會議決議。吾等則反之，選擇在會議前努力遊說。

2001年3月29日下午到四埔林場估驗綜合教學大樓，4時30分回到分部辦公室，看完公文後，趕赴金門機場，搭復興航空赴台北。在機場遇見許宗傑，他要赴台大博士班上課。途中，他說，經過分部主任之努力，必然會有成果。吾答曰：不敢想，但盡其在我。

據技職司陳先生告訴我，明天（3月30日）之會議並未邀請我參加，同時B棟樓下有警衛，一般沒有出席通知單不准進入。

我實在沒有把握能上18樓。若有幸上去，亦不便進入會場。我自忖，能在會議室門口向與會委員鞠躬拜託，向他們說我來請求即可。能否有效，沒有把握，一切盡力。

依往年，委員的意見是（歐善惠副校長曾告知），金門分部尚無校舍是最大阻力。

如今，綜合教學大樓可容納10個四技的空間，今只用掉20分之6，而且該大樓於今（2001）年8月落成啟用，2002學年度新增科系正可使用，尚餘的20分之14空間應發揮其功能。政府之投資不應該浪費。

增兩科系，努力獲突破

2001.3.30

今天從師大校友樓起了個大早，用完早點後乃直奔教育部。時間是上午7時30分。上教育部5樓技職司，陳德華司長、胡茹萍小姐、王福林副司長都已上班。不久，董科長亦進來了。我向他們說明，2002年金門分部校舍絕對可以充分供給新增科系。

8時30分，我到B棟18樓會場，開會前，向主持人呂木琳次長致意。

上午11時30分，會議結束，有關金門分部之提案，決定交4月13日訪查小組專案處理。其方案是：

一、教育部今天審查會保留6個教師名額，相當於新增設兩個科系。

二、至於要設那兩科系，交由本校彈性處理。與黃校長聯絡，他正馳向新竹的車上。校長同意我的主張，傾向增設應用外語系及運動管理系。

金門分部這四年來，由4個科增加到6科2系，成長一倍，勝於高雄工專20年一直保持的五科紀錄。

此外，與澎湖技術學院比較，目前是8個科，兩者的規模已經愈來愈接近了。

在校舍尚未蓋好，仍在借用校舍之過渡時期，仍能克服萬難，繼續成長，很是欣慰。

2001年金門縣李沃士議員（左）拜會金門分部李金振主任（右）。

李金振校長17年來撰寫了35本筆記。

獨立設校，還缺臨門一腳

2001.3.30

從2001年3月28日《金門日報》、《金門晚報》報導有關李炷烽立委要曾志朗部長到新黨參加座談，當面詢問曾部長有關金門分部獨立設校事宜，曾部長作以下答覆：

一、金門分部獨立設校是件重要的事，代表國家之門面，將與廈門大學媲美，要慎重。

二、希望有一年的時間籌備，將準備工作做好，期兩岸的交流單位水準相當。

三、最快今年，最慢明（2002）年獨立設校。

此外，陳清寶在立法院的說法亦是如此，今年7月較趲，8、9月能獨立當然很好，不過明（2002）年較妥善。周以順副司長與曾部長交談所得到的印象亦是如此。

吾人以為，現在金門分部獨立設校，準備工作，老實說，各項條件均努力以赴，但都在完成邊緣，若延長半年或一年，一定是十全十美。

惟就教育部而言，今年核准，將使自己成為促使金門分部獨立設校，最後臨門一腳之建功者。

反之，若讓金門分部再努力一年，自求多福，一年後再來看看結果，條件成熟則准予獨立。則教育部是扮演事後的紀錄版，為金門分部努力的成果冠上校名。吾人深信，有智慧有擔當，肯負責主動協助的教育部，應於今年准予金門分部獨立設校。把不足者、有困難的問題，主動挑起，則此「核准」動作，不是高高在上的裁判員，而是責無旁貸的實踐主義者。

陳水扁總統宣布「一縣至少一所大學」的既定政策。

2000年8月1日，改名為國立高雄應用科技大學金門分部。

想回成大，擔心後繼無人

2001.5.11

前成大教務長、總務長、圖書館館長王廷山教授來金門三天，2001年5月10日回台灣前，輕輕地問我：「你真的要回成大？你若回成大，金門分部怎麼辦？」我回答：「自然有人來接，事成不必在我。」

王教授指出，金門分部現有之專任教師資格均不符，無人能接，旅台金門學人又不瞭解過去4年來之背景和成長狀況，如何能接任？

我聽了，也有同感。

王教授又指出，黃校長今年退休，你又回成大，金門分部群龍無首，將嚴重影響其發展。

回顧四年前自成大借調即將於2001年7月31日期滿。屆時，務必回成大歸建。或向成大請辭。各種考量讓我很難抉擇。母親形容我「雙腳踏雙船，心頭亂紛紛」。

事實上，我最不捨的是我的老母親。她老人家每天等待著我下班去看她。一旦我回台灣去，她會很難適應。何況她已85歲高齡，應享受快樂的晚年。

成功大學前總務長王廷山（右）關心金門分部主任李金振回成大歸建事宜。

獨立設校前夕，心有所感

2001.5.15

2001年4月12日教育部在曾志朗部長指示下組成訪查小組蒞臨金門，針對本校金門分部獨立設校事宜進行現場訪視審查。我想，金門分部全體師生能感受到，金門分部之獨立設校已近在咫尺。對於這項校務之重大發展，對全體師生或許會帶來某種程度之衝擊。在此，我願發表自己的感想與大家分享。

一、在辦學中創校：

金門縣爭取設立大學的模式是很特別的。一般新大學之設立是先成立籌備處，再由籌備處數10位成員來辦理有關校地的開發、校舍之興建、師資之延聘、設備之採購、課程之規劃，以及行政業務等工作。金門縣的模式則是先由國立高雄應用科技大學（當年是國立高雄科學技術學院）輔導設立金門分部，於1997年8月2日由教育部吳京部長親自主持掛牌。而且甫設立金門分部，就立即招生。在沒有校地和校舍的前提下，只好在借用的校舍進行教學、研究、行政等工作。這也就是本校之所以在金門農工實習農場和金湖國小上班、上課之由來。

回顧自1997年金門分部所聘請的教職員，其目的純是為了教學。至於創校的籌備工作，全由原班人馬兼辦。在兼顧辦學與創校的雙重任務下，黃廣志校長親自領軍，全體師生全力投入，使校務發展蒸蒸日上。比較具體的成效可歸納如下：

（一）在辦學方面：

這四年來，我們在辦學方面，教職員工由當初的12位增加到

2000年9月位於金門高聯農場臨時校區辦公室。

現在50餘位，學生由當初的134位增加到現在500多位，科系由當初的4個科增加到現在的6科4系（2個四技日間部和2個二技進修部）。其中二專日間部已進入第5屆的招生，並有3屆的畢業生。

（二）在創校方面：

這4年來，我們在辦學之餘，在校本部的指導下，由金門分部現有之原班人馬肩負起創校之責。首先在校地方面，當初金門縣政府無償撥用的四埔林場14公頃土地。，已陸續進行測量、鑽探、鑑界、環評、都市計劃變更等必備程序，始取得土地開發許可。箇中還牽涉到私有土地之協議價購，有主無主墳墓之遷葬事宜，以及連外道路之協調施工等。每一過程都是一部心酸史。在進行上述工作之同時，我們又向金

門縣政府、金防部、地政局等單位協調北一段111號無主土地、四四高地（一）、（二）營區，寧湖三劃593-18號等三筆土地之無償撥用，面積合計約10公頃，增加將近一倍。從此，可讓四埔林場得以與環島北路和環島西路銜接。

　　在校地取得開發許可之後，接下來之工作，本是整地雜項工程，惟在預算尚無著落之際，一個巧合的機會，配合林清江部長抵金之時，黃校長專程趕來與林部長會合，就這樣千載難逢的二小時，林部長停留金門的時間，爭取到綜合教學大樓新台幣3億1千萬元預算，於2000年3月19日動工，預定於2001年8月中旬落成啟用。

　　雜項工程之預算約新台幣8600萬元，是楊朝祥部長來金門視察時，親口答應黃校長的，於2001年4月30日動工，預定於同年8月中旬與綜合教學大樓同時完工。

二、飲水思源，心存感激

　　2001年5月10日，我在金門縣議會巧遇陳水在縣長。陳縣長在關懷金門分部獨立設校事宜之後，很慎重地說，金門的第一所大學之所以能夠順利設立，沒有黃校長的魄力和決心，不可能成功。這是陳縣長在金門教育發展史上一句很負責任的話。當然，也要陳縣長不死心地率地方各界人士及民意代表不斷地向中央爭取，並無條件地提供校地和相關資源，否則，誠是巧婦難為無米之炊。準此，回顧金門分部之由來，是國立高雄應用科技大學、

金門縣政府、中央政府等3種力量的結合。

　　1.在校本部國立高雄應用科技大學方面：

　　1997年6月30日下班前7分鐘，國立高雄科學技術學院奉准設立金門分部，彼時，沒有人員編制、沒有預算、沒有校地、沒有校舍、沒有設備。在沒有人又沒有錢的環境下，黃校長不惜成本，動員校本部一切可資使用之人力和物力，在兩個月緊急動員下，9月1日如期招生開學。

　　這4年來，每次看到黃校長無私無我地付出，為了爭取金門分部成長的機會，有時甚至一週內往返金門與高雄間達4次之多。校本部的全體師生，可以說把金門分部視為家裡剛誕生的小弟弟、小妹妹。

　　金門分部可謂集三千寵愛於一身。這種被照顧的感覺，深信金門分部曾到校本部洽公的師生均能體會，也因為在備受關注與照顧下，金門分部之成長格外迅速。在此，我要呼籲金門分部全體師生，校本部國立高雄應用科技大學永遠是我們的娘家，黃校長永遠是我們的大家長，是金門第一所大學的創校校長。對校長及校本部同仁，我們除了感激還是感激。

　　2.在金門縣政府方面：

　　從動機的角度觀之，金門分部之創設，是由於陳縣長代表全體縣民之強烈需求與全力的爭取。因此，金門分部是金門縣政府及其人民夢寐以求的寵兒，要什麼就給什麼，毫不吝嗇。記得1997年金門分部剛創設時，陳縣長立即無償撥用四埔林場14公頃

縣有土地作為設校用地。同時，考慮新進教師之住宿問題，陳縣長派盧志輝局長陪同我去看金湖國小教師休息室，準備借給我們作為教師宿舍，我分別向盧局長和陳縣長要求，希望借用仁愛山莊，以提高教師住的品質。金門縣政府起初的答覆是：仁愛山莊已借給其他中央駐金單位。惟既然本校強烈需求，縣府乃排除萬難，將整棟仁愛山莊全部借給金門分部。

由於新校地之開發非一朝一夕可以速成，校舍之興建更是曠日廢時，為了滿足立即招生之校舍需求，金門農工提供了實習農場之大部分校舍，金湖國小亦提供了科學館、技教館、教師宿舍等3棟大樓。此外，第4年起，當仁愛山莊歸還金門縣政府後，金門高中另提供了英士樓作為老師宿舍。從上述各界之熱烈支持，金門分部已是全金門之共同事業。對於金門一千多年來第一所大學的籌設，凡我金門各界均以能出一己之力為榮，誰都不願做為歷史的缺席者。此乃潮流所趨、時機已成熟使然，非人為力量所能阻撓也。在此，我也要呼籲金門分部全體師生，我們是因為金門之需要而創設的，對於金門縣的請求協助，我們只有回饋再回饋，沒有討價還價的立場。

3.在中央政府方面：

近年來，由於國內少子化的趨勢，國內大學院校又不斷增設，專家預估，將來可能約有40所大學將遭遇被迫停辦之命運。惟在此同時，中央政府卻毅然決定在金門設立第一所大學。足見中央對金門之厚愛。

樓地板面積，驚動教育部

2001.5.24

從2001年4月底以來，教育部預算審查委員很不明白，金門分部綜合教學大樓之樓地板面積，為何從17,000平方公尺增加到26,000平方公尺而沒有報部。此事已驚動陳德華司長、王福林副司長、施怡廷小姐以及會計室蔡明招科長。

其實，綜合教學大樓之樓地板面積可是1平方公尺都未增加。如何說起：

一、金門分部各科及行政單位之需求空間是17,000平方公尺，而且分布在各樓層。

二、地下室之樓地板面積3,400平方公尺，未計算在需求空間內，但又不可少。

三、以上地上和地下之需求空間合計20,400平方公尺。

金門分部師生於甫完工的綜合大樓前夾道歡迎長官的蒞臨。

2000年6月2日綜合教學大樓閥
基鋼筋綁紮。

2000年3月9日參與綜合大樓動土的各界貴賓。

　　四、建築師規劃空間，尚需加上走廊、樓梯、廁所等公共空間，計算方式通常是將需求空間乘以1.3。即20,400×1.3＝26,520平方公尺。

　　由此觀之，需求空間提出之後，建築師會自動加上公共空間，這是很自然的，並未變更設計。既然無變更設計，又何須報部。

　　而且發包亦以26,000平方公尺公告招標，前後一致。

未談成之前，暫不做決定

2001.7.1

　　來金門分部四年來，推動建校工作，並不是十分順暢，舉凡借用校舍，接洽營區之搬遷，私有土地之徵收、公有地之撥用、林地之砍伐、墳墓之遷葬、預算之爭取，在在都不是一蹴可及。

　　也許要兩次，甚至三次，多則數十次，少則十來次，若我抱定一蹴可成之心理，不成功便成仁，則一次不成就沒有第二次、第三次。

　　世事一次成功之機會不多，準此，可成就的事業自然就少。

　　吾人秉持之方法是一次不成，則暫不做決定，保持明日仍有再談的機會。

金門分部李金振主任（右一）向李炷烽縣長（右二）說明縣有土地無償撥用事宜。

雜項工程費，出現轉機

2001.7.18

　　2001年7月4日校本部召開臨時校務會議，討論2002年度教育部所核下的概算，其中發展性經費3千萬元，校本部已擬好草案分給各單位。經會中我三度發言，我建議校本部依往例及各校標準，分配1千萬元，金門分部依教育部指示，分配2千萬元。會議決議，校本部1800萬元，金門分部1200萬元。雜項工程不足1千萬元。

2000年4月20日綜合教學大樓地下室開挖。

2001年7月13日校本部召開校務基金管理委員會，金門分部雜項工程不足1千萬元，儘速向教育部爭取，若爭取不到，校長裁示，本會議決議，由校務基金支付。

　　2001年7月13日教育部施怡廷小姐陪王福林副司長於是日下午到校本部勘察水災之損害。我把早上電話中請教育部明白指示3千萬元之分配原則，施小姐在電話中以為我要教育部當壞人，要本校自己調整，下午見面，我又口頭將短缺之1千萬元請教育部補助。

　　2001年7月17日教育部施怡廷小姐奉陳德華司長轉告本校會計室王明洲，明白指示3千萬元發展性經費中，2千萬元屬金門分部雜項工程之延續性工程費。

　　準此，金門分部四埔林場雜項工程費合計1999萬元於2000年度編220萬元，2001年度編7千萬元，2002年度編2千萬元，合計9千220萬元。

金門分部李金振主任報告校園整體規劃事宜。

國圖贈書30箱，不無小補

2001.7.24

　　為了達到獨立設立技術學院之標準，在圖書方面，不得少於10萬冊。而金門分部目前僅購置約2萬冊，距標準相差甚遠。

　　經周以順副司長之介紹，認識了國家圖書館館長、金門西埔頭鄉親莊先生。吾毛遂自薦登門造訪。莊館長欣見同鄉有此需求，當場允諾把多餘書冊打包遞寄金門。金門分部負責運費及編目，以便寄回除帳。

　　等待數月後，終於在2001年7月23日，第1批30箱書籍寄至金門分部。每箱以50本計算，合計約1,500本。如源源不絕，終有成功之日。

　　此外，正中書局亦正在聯繫中。其他像成功大學等圖書館，亦可洽請贈書。

2000年9月金門分部擴建後的書庫。

沒有名份，失之毫釐差之千里

2001.8.13

今天（2001年8月13日）上午打電話請示行政院第6組陳德新組長，他告訴我，獨立設校案，會人事行政局、經建會、主計處、研考會等單位已經回文，贊成與反對意見各半。

金門分部成立四年，籌備工作已完成百分之90，可謂已達籌備處之成熟完成階段。如今，在沒有籌備處之前提下，大家奮力與時間賽跑，不增加政府負擔，卻能把籌備處要做的事做好。設籌備處，只是在「實已至」，補上「名歸」。

陳組長指出，從分部到獨立設校，不一定可以視為當然。因為一個學校之分部，是校本部的一部分。而獨立設校是新機構之誕生。所以從分部到設校，距離較遠。而籌備處不同，一旦准予設立籌備處，意味此實體，即金門技術學院已獲准設立，只是時間未到而已。因此，籌備處之設立，等於已獲同意。

然而，金門分部於1997年獲准設立時，其性質是純分部性質，抑是新機構之性質？從經費來源觀之，是由教育部籌備及強化國立教育機構經費支應；從公文內容觀之，以及從金門之主動爭取等方面，可證明是一個新的學術單位，這是無庸置疑。

因此，金門分部之機構，已具籌備處之性質和功能，這四年來亦是在執行籌備工作。

陳組長之疑慮已顯示，金門分部這四年來已被矮化而不自知。如今，猛然醒來，才發現金門分部做太多沒有名分之工作。

往者已矣，來者可追。既然金門分部低於籌備處一級，追求籌備處之設立，或可補足過去「名」未歸而「實」已至之憾。

借用教室，看上警所舊大樓

2001.9.5

　　為了不要每件事都由我自己來，有關財務金融科增設所需要的教室，擬由社團辦公室挪用。惟社團室務必另尋空間。於是動到湖小腦筋。2001年8月30日晚，許鵬飛宴請，向湖小楊主任提起，楊主任指湖小幼稚園重建，空間不足，他建議金湖鎮公所舊館有空間。於是，乃利用8月31日分部教評會時提出。陳建民主任指出，陳福海鎮長是他的同學，由他代表去遊說借用，2001年9月1日我回台南，經過週末、週日不上班，俟週一乃問魏健鋒組長有關借用金湖鎮公所舊館事宜。他答覆，鎮長指出該館已安排分配予清潔大隊，空間不敷使用，借用宣告失敗。

　　2001年9月5日我回金門，首先拜訪湖小吳啟騰校長，一起去找陳福海鎮長。陳鎮長表示，有多處空間可以考慮，包括湖前分校、天主教堂、山外村等多處。我均覺得不妥，我和吳校長一直中意舊金湖鎮公所。於是陳鎮長回答，各處均看一看再做決定。

　　第一站先看金湖警察所舊址，一次OK，並交待清潔大隊長許明玉，訂於2001年9月6日將空間清出。

　　這是金門分部創設以來，繼金門農工，金門縣政府、金湖國小、金門中學之後，第五個借房舍給本分部的單位。真是得道者多助。

聘教師落空，首開校內借調

2001.9.7

　　財務金融科欲聘高學歷的教師，結果一再落空。退而求其次，找了博士候選人。刊登廣告求才，勉強有政大企研所博五簡南山來應徵。經過面試正取，卻在校教評會被金融系主任質疑，因此而遭到否決。其替代方案是由校本部金融系支援一位老師到金門分部。

　　2001年9月4日校教評會之後，9月5日，財金系答覆沒有人要去金門。此刻，系上只能無奈地表示沒有辦法，還是金門分部自己解決吧。

　　9月5日回到金門分部，很為財務金融科尚無一位老師操心。

　　經過兩天的努力，終於在9月6日下午說服了顏郁芳、王興國兩位老師，由工商管理科借調到財務金融科。課務亦隨著調整，先由校內老師併班上課或同課程以一位老師任課為原則。不足的師資再聘請兼任老師。

　　這樣的緊急應變措施，實屬高難度。一來是金門分部全部專任教師只有三十位，其中有十位正以部分時間方式進修博士。另方面亟需解決的問題是，財金科連一位老師均沒有的情況下，要從頭救起。先前，黃中興主任已自告奮勇向我表示，他願意保留企管系，放棄工商科，來兼任財務金融科，然後，9月6日下午亦表示願意把自己之編制移至財務金融科。惟這期間，財務金融科之課程仍空白如初，教務組苦不堪言。顏郁芳轉到財務金融科之後，從9月6日下午到9月7日上午新生訓練，不及一天，所有課程、導師、新生輔導，均有著落，充分展現其能力和急性子的作風。

大學路1號，於焉誕生

2001.11.29

　　四埔林場通往環島北路的連外道路，本是一條尚未開發計劃道路，經過本校校園，再通往金寧中小學後面的安岐國宅。自從本校金門分部創設後，乃加速其提早施工。

　　在施工之前，（2001年11月22日）金寧鄉戶政事務所已編好綜合教學大樓之門牌為「環島北路科技巷1號」。

　　吾於2001年11月29日得知，覺得不妥，蓋一般巷均以數字為主，鮮有以專有名詞如「科技」命名。此外，這條是計畫道路，應稱路才對，不宜稱巷。乃前往金寧鄉戶政事務所研商。承辦人莊先生表示：「路之兩側稱巷」。吾不以為然，指出：台北市中山南路兩側有仁愛路、信義路等，足見道路兩側不必然是巷。詢問有無標準或法源依據？莊先生乃取出戰地政務單行法「福建省

完工啟用後的大學路（通往環島北路）。

2001年10月完工後的大學路（通往環島西路）。

道路設置準則」，其規定如下：

　　一、12公尺以上者稱路；

　　二、6至12公尺者稱街；

　　三、6公尺以下者稱巷。

　　四埔林場連外道路寬15公尺，符合「路」的條件。乃比照成大模式，將這條計畫道路申請命名為「大學路」，並登記取得「大學路1號」門牌。

獨立設校，獲行政院准予籌備

2001.12.21

　　金門分部從1997年創設起，一方面辦學，一方面創校，迄今已進入第五個年頭。校地已開發，校舍已興建，連外道路已施工，各項籌備工作將臻齊全。於是從2000年起，向中央爭取獨立設校，希望就設校應具備條件加以審查。教育部亦組成訪視小組，召開審查會。行政院亦召開審查會。最後，決議准予籌備。

　　今（2001年12月21日）天上午9點多鐘，福建省政府顏主席來電，指昨天（12月20日）行政院院會餐會時，黃政務委員榮村向他恭禧，金門分部獨立設校已經獲准，而且會議是他主持的。此外，金門籍最高行政事務官，行政院第6組陳德新組長亦向他報告有關金門分部已獲准獨立事宜。

　　花了一年多的時間，走了很長的路，一關渡過一關，似乎永無止境，結果是得到「准予籌備」的答案。難道過去的籌備事實是未獲准的非法偷跑行為？我請教黃校長，1997年創設金門分部

行政院張俊雄院長重申「一縣至少一所大學」是國家的既定政策。

2000年3月9日教育部楊朝祥部長主持綜合教學大樓動土典禮。

作為未來籌設大學之前提，是否有公文說明這種前瞻性的規劃？黃校長回答：有。因此，2001年12月21日通過之審查，原則同意准予籌備，還是第一次白紙黑字，有文號，由中央政府正式准予金門分部籌備獨立為技術學院。

這種情況，猶如有一位小孩已經出生五年，却一直未申請戶口，俟6歲準備進小學時才發現。於是才補辦戶口。此刻，到底是要在戶口名簿上寫一歲，抑是寫五歲？若是剛出生，才需要籌備處。事實上，已經五歲了，當然不必籌備處，逕補辦戶口即是。此事，除在形式上予以正名外，別無實質意義。

師法吳京，公文不過夜

2002.11.25

吳京院士任成大校長時，以公文不過夜展現其行政效率，吾甚佩服，並效法之。

公文不過夜，好處是：今夜沒有負擔與牽掛，次日上班可全心全力迎接新的挑戰。

公文多不是壞事，每件公文代表一件新的業務即將展開，或一件努力後之成果呈報上來。是故，公文愈多，則代表成就的事愈豐富。這是吾人看待公文的態度。

教育部吳京部長強調金門是個有事可做，也有機會把大事做成的地方。

今有些公文，既不是新業務之計劃，也不是舊業務的成果，而是以請假，出差、調課、請款等居多。公文看多了，乏善可陳，難有一兩件建設的公文。

這種沒有營養的公文，與其在桌上過夜，不如趕快批出去。

若有建設性的公文，更捨不得延誤其時程，還是不要讓它在桌上過夜。

若遇到一時難以做決定的業務，或容易得罪人的人事案，則先請幕僚人員出點子，也不要在桌上多待一夜。

不毛之地，校園綠化難

2002.1.30

　　2002年1月29日四埔林場經整地之後，接著是綠化工程。乃邀請了高雄縣旗山苗圃業者陳慶棟夫婦，於下午1時抵金，要求先到四埔林場勘察。陳老闆沿路每見到路旁的各種樹林，就讚美原生種最美。例如：烏桕、苦苓、相思樹等，都很有樹形之美。他是在享受多采多姿的樹林，並沿途一直親切地與它們打招呼，可謂自得其樂。陳老闆雖沒有高學歷，但對他從事的工作很自負，很有把握，畢竟他已有40年以上的經驗。

　　到達四埔林場，見一片紅土，堪稱標準的不毛之地，覺得要綠化這廣大校園，工程比建屋更艱難，所需時間更長。校舍一、二年可完工，樹林要一、二十年才長成。他主張就近取材，移植附近的樹林最好。

　　此刻，我體會到種樹之不易，回顧這兩年來，為了瞭解校園之地形地貌，曾請工地監工稍作開路，並清除林場內之雜草。結果，怪手挖了一條通道，大量損及松樹等珍貴林木，痛心至極。

　　第二次為了保住後側之松樹林帶，呂欽文建築師現場勘查之後，覺得不怎麼樣，將來再種就有。

　　第三次，在雜項工程之設計中，本來決定是保持後面之地形地貌，結果營造廠趁我不注意時，把整個四埔林場之樹林全都砍光，只留住黃積淵組長要求保留的那棵樟樹。四埔林場的保衛戰，幾近全軍覆沒，一切歸零重新做起。

快走無好腳步、快做無好手路

2002.2.8

在興建綜合教學大樓的進度上，當初定500個工作天，旨在趕上2001學年度使用，如今，2001學年度已過，大樓亦如期完工，惟雜項工程仍在進行中。

依工程步驟，應先有連外道路，再有整地雜項工程，最後再興建校舍。如今，正好相反，大樓的整地雜項工程先完工，連外道路迄今則遠遠落後。

早知綜合教學大樓要等候連外道路和雜項工程，有殊多細部工程尚可做得更好：

一、走廊之欄杆，間距太小，遠視不太美觀，本可以拆除重做，惟深怕影響工期而作罷。

二、粉石處理不佳，猶如粉光，甚至在走廊地磚亦復如此。

三、中庭之土方，可向下挖至地下室高層，有助於地下室之視野和採光。

四、樓梯之花格磚，東北季風太大，應再處理。

五、中庭排水自然流放迄今尚未處理。

六、一樓本規劃為行政區，前棟分配給各科系，後來將前棟調整為行政區，影響一樓研究室之隔間，和五樓研究室。此外，警衛室尚未埋管線而道路已灌好水泥。25公尺寬的道路中間花圃未埋水管、電源。汙水處理容量不夠，卻沒有空間。以上缺失，都未仔細事先想到，已來不及改進。

決策之彈性：
朝令有錯，夕改又何妨

2002.2.13

　　有云朝令夕改，用以批評決策之不確定性，為了避免類似指責，諉過者之態度，乃將錯就錯以對，閃避自己決策錯誤之責。

　　惟為了逃避責任，見死不救，實更為不負責任。試想，已經看到決策錯誤（除非始終不知）而不去搶救，那怕是只剩下細微之果效，都應該努力。

　　在發展中的金門分部，殊多校務都有相當多的不確定感，在各項條件未明朗前所做的決定，都有某種程度之冒險。

　　2002年1月3日，分部會議中提到是否於寒假搬家。吾在林仁益校長面前表示肯定，林校長亦支持此決策。

　　彼時，有下列條件影響此一決定之成敗：

一、綜合教學大樓尚未正式驗收（訂於2002年2月4日）

二、綜合教學大樓之使用執照尚未取得。

三、連外道路施工阻力重重，進度緩慢。

四、水、電、電話尚未供應。

五、景觀工程尚未發包。

六、教室改裝的學生宿舍浴室尚未施工。

七、校園綠化尚未完成。

八、走廊防風設施尚未施工。

　　以上各項條件之成熟，需要時間，至少一個月，眼看開學在即，應何去何從，若暫時踩煞車，將失信於民。因應之道，把握搬家之決策不變，在條件尚未完成前，以漸進的方式，逐步進行。

今日樹林，明日儒林

2002.2.13

校園內的濕地松，十年樹木，百年樹人，昔日的樹林，將成為明日的儒林。

在金門創辦第一所大學，為了開發新校區而傷及無辜的林木；與其終日自責未能保住四埔林場濃密的樹林，毋寧以積極的態度規劃未來，為林相更新做完善的設計。

金門在早期之植樹目標，以防風而且容易存活的木麻黃（金門人稱之尖尾樹）為主，惟其樹齡只有60歲。1999年賀伯颱風造成金門道路之癱瘓，就是木麻黃應風倒地，橫躺在路中間的後果。因此，金門早期已有林相更新之說。逢此機會，陳水在縣長乃順勢大力推動，最明顯的就是中央公路（伯玉路）全面更換為

高雄市陳菊市長（右六）蒞臨本校參加植樹。

小葉欖仁。

四埔林場之林種，原以木麻黃為主，夾有部分松樹。

為了整地，無論挖方或填方，均會損及原有樹林。而今既已成為不毛之地，就應該積極面對，學習林相更新之道。

今天是大年初二，中午胞妹金玉自屏東回台南娘家，帶大家一起赴台南飯店吃自助餐，所以至晚餐仍不餓，乃與內子到成大校園散步幫助消化。我順便帶著紙筆，在逛校園時，每看到理想樹種，就信手記下其名稱。其中比較滿意者有：一、實習銀行前那株樹皮紋路很美的銀樺。二、機械系前幾株壯碩潔淨的檸檬桉。三、工程中心前一排瘦高挺拔的桃花心木。四、化學系前據說其大葉子可治肝病的菲律賓欖仁。五、理學路兩側迅速長高之黑板樹。六、圖書閱覽室前亭亭玉立的大王椰子。七、資訊大樓前黃花一串串垂吊的阿勃勒。

此外，花蕊類有：一、玉芝花。二、茶花。三、桂花。總之，巴不得將整個成大校園複製到金門大學來。

四埔林場，從軍歌到弦歌

2002.2.17

　　甫完工的綜合大樓，其所在地座落於四埔林場正中央。現在走進新校區，一眼望去，除大樓及其四周的環校園道路外，盡是一片黃沙滾滾的不毛之地，很難與林場聯想在一起。

　　據說，50年前，這裡原本就是一片表土極硬的不毛之地，埔後村民拿這裡權充曬穀場。同時，亦是古寧村通往金城的必經通道。據悉，當年還有一座行人休息的路亭。

　　自從國軍進駐之後，為了防衛備戰所需，開始積極植樹造林。50年來，將之營造成一座神秘的軍事重鎮。

　　1997年，金門縣政府將之無償撥用為本校之設校用地。先前國軍早已撤離，吾多次從青年活動中心頂樓和薩爾斯堡公寓頂樓眺望，只見一片叢林密佈，看不到進出口，亦不清楚其範圍邊界。冒險闖進探個究竟，幾乎每次都彷彿進入一個陌生世界，只覺得箇中林木壯碩，雜草叢生，不易跋涉。累積多次的探險經驗，發現其間有三座大型砲陣地，一條裝甲車壕溝，多處營房哨站，以及一個短距離靶場和軍隊訓練陣地、演習的場地。從這些設施，可猜想這裡曾駐紮過步兵、砲兵和裝甲兵等三個以上的兵種。

　　在進行環評的規劃中，吾本乎維持現有地形地貌之原則，樹林盡量保留以減少傷害，尤其是種植不易的松樹。然而，這一點點的願望卻一再地跟現實妥協，最後幾乎全盤否定、面目全非矣。

　　第一次傷害到樹林是為了鑑界。四周的幾處角落，為了視線

而砍出一道寬約10公尺的通道，我雖心疼，但也是無奈地接受，只好以邊界務必要明朗來自我安慰，希望邊界內之樹林能不再砍伐。

第二次受到傷害是為了雜項工程之規劃設計，曾請建築師把樹叢之雜草加以清理，不料卻將樹林砍出一條通路，看到一株株松樹橫躺在地上，吾壓抑不住心中之怒火而開口罵人。

第三次受到的傷害，簡直是浩劫，整地雜項工程一動工，吾還來不及到現場交代，承包商已將樹林全部砍光，成為現在這副德性。

2002年2月6日，吾赴校本部出席教評會後，卜午專程開車到旗山拜訪一位苗圃老闆，他名叫陳慶棟，2月30日，曾應我之邀請來四埔林場現場指導，答應要捐50株鳳凰木。

四四高地（一）（二）營區入口。

辦學理念，學以致用

2002.2.22

金門大學李金振校長勤跑台北、高雄等兩岸三地。

　　國父所提倡的權能區分，權是指所有權，如董事長；能是指經營管理權，如總經理。

　　就學校而言，其所有權，國立學校的所有權在國家，由政府主管機關代理執行。在校內，校長以下各級主管和各種會議，教職員工等，均為「能」的性質。

　　愈是高位，愈屬於政策性，亦即方向的領導，具有計劃、監督、考核之性質。

　　愈是基層單位，愈是專業知識和技能之權能，屬於執行的方法和行為。

是故，校長並非樣樣精通，是結合需求和實踐人力的組合。

金門分部現階段需要什麼？吾以為，是要走出辦公室，去各校園探索現階段之需求，列出輕重緩急。是走出校園，去打聽社會行政主管機關之支持條件。

如何滿足需要？要先知己，知道自己有多少人力，知人善任；亦知道有多少財力、物力，有效地組合人力、財力、物力，才能達成目標。

吾非三頭六臂，只能有一定的時間，選擇最有效、最重點的工作來做，結合人力去打拼。這是成敗之關鍵。

帶人先帶心，帶心要誠。相信他、尊重他，擔富其責任，一起共赴工作，不推諉塞責，保持謙卑的態度。

金門大學校運會。

為應用外語系和運動管理系的師資員額請命

2002.2.22

　　九十一學年度即將招生的應用外語系和運動管理系，招生辦法和招生簡章業已報部核准，惟師資員額一直沒有著落。

　　91.2.20校本部宋明山教務長轉教育部施怡廷小姐之電子信件，針對九十學年度金門分部觀光事業科、營建管理科之增班，表示意見和說明。

　　91.2.21，吾打電話給施怡廷，表示九十一學年度金門分部增設之科系是應用外語和運動管理系，因此，應該把師資員額用在這兩系，而不是觀光與營建之增班。此外，九十學年度金門分部自然增班有財務金融科。合計九名，分別是增科系六名，自然增班三名。

　　施小姐表示，增設科系不一定會給員額，本調查旨在瞭解原申請之員額是否有開班。

　　經過91.2.21至91.2.22兩天之瞭解，E-mail來回多次，施小姐仍不能接受，91.2.22中午再作最後瞭解，下午再打電話問是否收到，結果施小姐休假，下週一再追問。

當一位好幹部容易，
當一位好長官難

2002.2.24

　　從事20餘年的公務人員，所經歷的長官，在行政主管之機關首長，有長榮女中的劉青眼校長，彼時，我擔任訓育組長。在中山女高的呂少卿校長任內，我是一位專任教師。在成功大學，有夏漢民、馬哲儒、吳京、黃定加、翁政義等校長，吾擔任校長室機要秘書、出版組主任、新聞中心主任、主任秘書等行政主管。在高雄應用科技大學，吾擔任金門分部主任。

　　在歷任直屬主管中，吾盡一已之力、全力以赴，大體上尚能如期完成使命。因此，備受肯定。

　　惟擔任金門分部主任以還，表面上是單位主管，實際上有責無權，對同仁的工作無賞罰之權，同仁亦看清楚這一點，而不服領導。

　　吾檢討，為何我過去當幹部表現可圈可點，惟擔任分部主任時，表現平平，主要原因是，當幹部，只對上級主管一人負責，對單一命令，我只要服從加努力即可，主動權在我。

　　反之，擔任主管，一方面承先，又要啟後，對部屬方面，是以一人領導眾人，能否把工作任務做好，主動角色不是我。若事前未交代清楚，事後又缺賞罰之權，則計畫、執行、考核，形同虛設。因此，待人重在人心，如何捉到部屬的心，尊重、肯定、讚美、關懷、獎勵、升遷、加薪等，都是人見人愛，我自問做得不徹底。

一波三折，路是走出來的

2002.3.9

2005年8月24日開闢通往環島西路的大學路施工整地，

　　路是人走出來的，但對四埔林場而言，因第一條連外道路施工一再受阻，從2001年12月綜合教學大樓完工起，連外道路發包施工，因一來有7位地主抗爭，俟2002年1月2日協調結果，只剩

破釜沉舟，為創校奮力一搏 2001-2003

下一位地主反對，2002年3月7日李根遠代書表示，他在等待我去拜訪，二來有后湖村之墳墓遷葬問題，至今仍不肯遷葬，縣府答應維持原地美化。此外，又有土地高層錯誤，變更設計尚在縣府核准中。

由於第一條連外道路一波三折，吾人為了尋找替代方案，才想到第二條連外道路之鋪設。於是一方面向縣長李炷烽要了80萬元，一方面向建設局洽辦行政程序，再交由金寧鄉公所發包，於2002年2月26日順利開標。以44萬元發包。

由於仍有剩餘款，乃於今天2002年3月8日向李縣長取得同意，繼續使用此筆剩餘款。建設局陳局長，葉課長小衣支持，要金寧鄉陳報上來。

2002年3月8日下午4時45分，與金寧鄉建設課承辦人，承包商林榮全等赴四埔林場現勘產業道路，初步決議，朝3個方向修改：一、拓寬，二、加厚，三、加路燈，四、與校園主要道路銜接。

今天之會勘，並查看籃球場之位置及追加一道練習牆之設計。此外，日新公司亦正在現場瞭解整地方向。

鍥而不捨，與地主懇談

2002.3.10

本週末，因為要迎接教育部黃部長榮村之蒞臨，所以未回台南。

週六，上午到宏玻陶瓷廠洽購禮品，下午陪娘逛山外、沙美、古寧頭。

週日，下午先接林仁益校長，赴四埔林場現勘。爾後詹文福、王明洲再來會合。

晚餐安排在全福樓。8時後送客人到金瑞飯店。李本送我回金門中學。隨後向金門高中楊振中組長借了一輛腳踏車，到金城市區中興街拜訪連外道路之地主，他曾對土地徵收有異見。每次登門到他家中拜訪，太早去，其夫人說，她先生尚未回家吃晚飯；晚一點再去，其夫人說，她先生吃飽飯出去了。今天運氣頗佳，正好他人在家，見我來了，很殷勤禮貌地泡茶。聊起土地之價購，他已對我有了信任。他說：很欣賞你的誠意，來訪很多次，不像縣政府相關單位，迄今還未曾找過他們。

其實，我只是提供我在土地法規之專業，才取得他的尊敬。同時，他相信我對他沒有任何想佔便宜之可能，只是很客觀地分析給他聽。

談了1.5小時，至晚間9時許，突然有熟悉的聲音傳進耳朵，轉頭往外看去，竟然是校本部林仁益校長，也讓地主很驚訝。我居中向林校長介紹了地主，林校長回去後，又繼續談了一會兒。回到金門高中英士樓，已是9時30分，正好郭文中主任準備出發，與洪集輝接待校本部會計室詹文福、王明洲等一行去唱歌。

湘江雖長，亦只是支流而已

2002.3.16

　　湖南之湘江，其長度也許比他國之河川還長，但人家之河川是獨立流入海洋，而湘江再長，也只是長江的一條支流。

　　金門分部之規模，這4年半來，科系由4個科增加到6科5系，成長近3倍，學生人數由135人增加到550人，成長4倍，教師人數由13位增加到35位，成長3倍。如今，就規劃而言，金門當地之中小學之人數，有一半以上全校學生不及百人。至今2002學年度，金門分部學生將達900人，屆時，全金門只有金門中學，金門農工，金城國中，中正國小等四校超過千人，其餘各校之學生均比金門分部少。然而，金門分部規模雖大，但仍不是個獨立的學校，分部主任之行政主管位階，在校本部屬於C級，比系主任B級還低一等。

金門大學李金振校長赴中國大陸訪問。

重開機門，趕上搭機最後一刻

2002.3.20

今天（2002年3月20日）下午，在校本部出席本學期學生獎助學金審查會議。

上午先赴正修技術學院拜訪黃前校長廣志。黃校長把其30年之新聞剪報交給我。此外，塗小姐亦把紀念酒之設計圖交給我。中午在學生活動中心用餐。由於高雄飛金門之班機，最後一班是下午3時20分復興航空，而開會是2時30分。

為了趕最後一班飛機回金門，以便晚上回學校上課，吾請內子先到機場劃位。會議準時開始，洪學務長讓我先報告。

一、金門分部希望下學年度起補發入學獎助金。

二、失業家長子女助學金，金門分部4位。

三、助學金，金門分部依比例分配11.486位，比化工系的11.468位多了0.018，獲得第12席。

四、獎學金、成績優異、各班前3名，金門分部除本學期15班外，另加上去年漏列2班，合計17班。第1名4千元，第2名3千元，第3名2千元。

會議報告之後，徵得洪學務長之允許，於2時45先行離席，立即搭車直奔小港機場。惟上高速公路前，發現塞車，不敢走高速公路，改道走六甲路。到了機場已經3時23分、跑到登機門，已經來不及，機門已經關了，螺旋槳已經轉得很快。眼看搭不上班機，只差大約1分鐘左右，很可惜。在大勢已去之際，突然間螺旋槳停了下來，原來機長允許我上飛機，重開機門，真的感激不盡。

解決長江口淤泥問題，
國父先見之明

2002.3.22

國父孫女孫惠芳女士（右四）捐贈國父銅像。

2002年3月22日赴廈門出席海峽橋隧建設研討會，晚上在廈大逸夫樓用餐時，與華東師範大學河口海岸研究所、也是中國工程院院士陳吉余教授同桌，他指出：

一、長江每年之淤泥量達3.5億噸，比過去已經減少一半。

二、經過封住長江北水道，並把南水道整治為比過去狹窄，使水流加急，使淤泥被帶出長江口。

三、中國大陸迄今有8萬多個水庫。

聽了陳院士之一席話，想起國父在實業計畫中提到整治長江問題之法，包括上游的長江三峽水庫，中游的截彎取直，以及下游的縮小長江出口寬度。當時爭辯多時的是：

一、長江水患，長江口應加寬，使水很快流入東海。

二、國父提出相反之見解，即把長江口由寬變窄，理由是水流加快，淤泥不會沉澱，河道隨之加深。

這個理論，近百年後之今天，已由事實獲得證實。

科系整併，柳暗花明

2002.4.19

　　今天（2002年4月19日）上午本來要繼續昨日之科際協調，再進行溝通，惟下週期中考，王翔煒老師表示，大家都回去了。下週期中考，有老師都安排活動，另請同仁監考。因而在主持宿舍走廊鋁門窗之後，搭機回高雄參加赴樹德科技大學之參訪。在途中及參訪過程，得到以下之靈感：

2008年12月3日李金振校長於綜合大樓中庭主持週會。

甫完工啟用的綜合大樓。

　　一、工商管理科與資訊管理科相結合，由2個二專的科，組成一個四技的系，命名為企業與資訊管理系。

　　二、觀光事業科，依師資之專長和金門地方之需求和特色，把江柏煒和張梨慧歸至「古蹟維護與營建管理系」。

　　三、把其餘四位老師與運動管理系共同結合成「觀光休閒事業與運動管理系」。

　　四、應用外語系維持不變。

　　五、財務金融科和食品工程科，暫時找不到整併的對象，維持現狀。屬二專。

　　整併之前，金門分部擁有6個二專的科，2個四技的系。整併之後，金門分部變成2個二專的科，4班，4個四技的系。

　　以目前之規模，合計20班，學生總數1千人。

辛亥革命，金門人沒有缺席

2002.4.27

金門縣閩南式建築風格最具代表性的地方，首推山后民俗村18棟四合院建築群，其興建者是旅日華僑王氏父子，花費26年才完成。

從其展示的文物中發現：其第二代王敬祥，當年在日本經商，曾協助國父孫中山先生從事革命不遺餘力。王敬祥先生的次女還曾是國父與宋慶齡結婚時的花童。

2002年4月24日，王敬祥的孫子王柏群先生，到金門來研究閩南建築，由本分部江柏煒助理教授接待。王柏群老先生（約70多歲）轉述了上述歷史事蹟，並強調他手邊尚保有捐助國父從事革命之捐款單據。此外，廣州黃花崗七十二烈士之72塊石頭，正面記載烈士姓名，背面紀錄贊助的華僑僑領，其中就有一塊記載的是王敬祥。

金門近50餘年來，肩負起保衛台澎安全免於被中共赤化，奠定了今日中華民國繁榮的礎石。金門也因經歷了古寧頭戰役和八二三砲戰而享譽世界。

鮮有人瞭解金門與國父領導的國民革命有何關係。如今，發現金門人王敬祥在國父革命事業扮演著重要角色，使金門與國民革命有了密切之關係。

黃花崗72塊石頭代表海外支持革命的72個華僑團體。

總教練最大成就是哪庄？

2002.5.12

教育部吳京部長（左）聽取陳水在縣長（右）的設校訴求。

　　2002年5月11日母親節前夕，與內子陳麗媛邀請吳京部長、陳金雄校長到成大附近轉角西餐廳用晚餐。吳部長交待兩件事：

　　一、英國前潛艦艦長在皇家地理雜誌發表論文，證明第一位到美洲的艦隊是鄭和而不是哥倫布，同時，哥倫布之船艦受鄭和艦隊之影響。吳部長想邀他前來演講。此書即將於7月份付梓。

　　二、吳京新聞集錦即將印好500套，如何分售或再版，決定先擬一份問卷函徵詢各級學校之意願，統計欲購者之數量。

　　吳部長並指出：

　　一、美國是體育大國，總教練之最大成就是什麼，不是領到可觀的酬薪和連戰連勝之贏球，而是看他能栽培多少位總教練。

　　二、吳部長在當成大校長期間，各學院院長在校外是以校長之頭銜和身份代表成大。以校長對他校院長，猶如以上馴對中馴，當然佔盡優勢。

科學大師對不起，
今日才認識您

2002.5.14

一、羅斯曼教授擔任高中代課老師時，對林奈說：「讀書像吃飯，什麼都吃的孩子才長得壯，一個耐得住枯燥課程的人，才有獲得更高教育的機會。」

二、林奈回憶說：「羅斯曼沒有強迫我唸書，他讓我先感到自己知識的不足，自然而然發生對書本的飢渴。」

三、好老師的特質，那是鼓勵向上的慾望，超過私藏被侵犯的激怒。

四、牛頓：「不以愛上帝做我不愛人的藉口。」

五、牛頓：「我看得比別人遠，是因為我站在巨人的肩頭上。」

「一所大學的優秀，決定於三個條件：1.老師素質。2.圖書館與儀器設備。3.學校的建築物與校園的氣質。」

六、牛頓：「用錢謹慎是基督徒生活的基本學習。」

七、牛頓：「企圖先以迫切禱告祈求上帝的祝福，來取代自己所該付出的努力，是一種不誠實的行為，是出於人性的懦弱。」

八、牛頓：「一個人如果控制不了自己的脾氣，脾氣將控制你。」

九、牛頓：「不讓別人的錯誤成為自己的絆腳石。」

十、雅樂禮：「為什麼不應該抽煙？不是只為了健康因素，而是為了一個人該有的正確選擇。」「一個人無聊時就來一支煙或喝一杯酒，是不斷地做錯誤的選擇。小事常做錯誤決定，大事

兩岸清華大學百餘位名教授於2012年會師金大。

如何做正確選擇呢？」

十一、牛頓：「主啊！赦免我！因為我的心想以賺錢為樂，
多於渴望想祢的同在。」

十二、古柏：「胃是一件奇妙的東西，幾乎能夠消化所有的
食物，但是不會消化它本身。」

十三、布朗塞卡爾：「對於一些難以理解的事情，不要太快
就反對。」

十四、布朗塞卡爾：「不為這些容易改變的東西活著，而向
那永不改變的標竿走下去。」

返鄉五年，內人笑我傻

2002.8.1

金門分部李金振主任監督綜合大樓之施工進度。

　　現在是2002年8月2日凌晨1點，記得在五年前的今天，即1997年8月2日，在金門農工禮堂舉行揭幕啟用典禮之後，金門分部於焉誕生。

　　五年來慘澹經營，有了今天的成果，值得安慰。

　　這期間，屈指一算，有多少個日子呢？每年365天，5年合計有1825天；若以週計算，7天為一週，1825天約拆合成261週，每週平均往返台灣金門一趟，合計搭乘了521架次。在1825天中乘坐了521趟飛機，平均每3.5天就搭一次飛機。

坐飛機不緊張嗎？為何有人不敢搭飛機？我想還是會擔心。那麼為何置個人死生於度外？不就是為了做一點有意義的事。這也是內子笑我傻，笑我大頭病，笑我置家庭於不顧的原因。

　　五年來做了什麼？

　　一、完成校地之開發。

　　二、完成綜合大樓之興建。

　　三、完成學生宿舍之動工。

　　四、增設了資管科、財金科、運動管理系、應用外語系，及三個二技在職班。

　　五、開了二條連外道路（一條計畫道路，即大學路，另一條是產業道路）。

金門分部李金振主任偕夫人參觀馬山。

預支200萬元，刻不容緩

2002.8.23

2009年7月21日李金振校長（左）偕李錫捷教務長（右）赴台北市向吳
清基副市長（中）請益改大相關問題。

　　有云：巧婦難為無米之炊。然而，反過來說，無米不是不
必炊的藉口或理由。為了要活下去，無米，更要設法去找東西來
炊。

　　2002年7月，因金門分部之業務費已用罄，而各科之裝修工
程和搬遷工作仍持續進行，有關經費則毫無著落。因此，向校本
部校務基金預借了300萬元，也就是2003年度分配之業務費提早
執行。

　　至2002年8月中旬，300萬元又用完，而往後仍有許多工程必
須在9月中旬前完成付款，因此，2002年8月22日交待會計室黃惠
菊小姐再向校本部預借200萬元。

回顧先前預借的300萬元，其用途大致分配如下：

一、工商、觀光、資管等三系專科教室高架地板合計75萬元。

二、食品系搬遷工程50萬元。

三、營建系搬遷工程35萬元。

四、觀光科餐廳搬遷工程：35萬元。

五、整地工程：10萬元。

六、採購台北草：10萬元。

七、觀光科搬遷工程：18萬元。

八、採購學生宿舍床鋪及書桌．35萬元。

九、共同科隔間：10萬元。

十、湖小借用教室科學館還原修護與粉刷：15萬元。

十一、窗簾：70萬元。

十二、運動管理系：10萬元。

十三、應用外語系：10萬元。

十四、財務金融科：10萬元。

以上合計390萬元。因此，原來已借用之300萬元，尚不足90萬元。

瞻望未來半個月，尚須再施作之工程，包括升旗台50萬元。

因此，再借200萬元，已刻不容緩。

紅柿甜甜從蒂來

2002.8.30

1997年金門分部主任李金振（左）母子情深。

2002年8月22日與母親在環島北路人行道上乘涼。母親想到紅柿上市，一斤35元。

我立即起身到東門兵仔市買了80元。在品嚐美味時，母親順口說出一句諺語「紅柿甜甜從蒂來」。

小時候，我看著蔬果成長。舉凡蕃茄、茄子、金瓜等，結果前，先有個小小的蒂，然後從蒂的尖端開花，再結成果實。隨著果實快速長大，蒂仍然緊貼著果實，提供水份，猶如胎盤，直到果實成熟，才被剪下。食用前把蒂摘掉。

此道理猶如飲水思源，但鮮少有人提到蒂與胎盤之作用和偉大。

2005年甫完工啟用的楊忠禮園學人一舍。

分部地位，有如次殖民地

2002.9.3

論今天的金門分部是什麼地位，很難定位！

每當校本部行政會議、校務會議、導師會議時，金門分部主任與教、訓、總、進修學院、進修推廣部、各學院院長並列，表面上似乎同為一級主管，實際上，依人事主任之詮釋，金門分部主任的位階比系主任低了一級。

在金門分部內部，表面上金門分部主任是整個金門分部最高行政主管，領導教、學、總及各科系，並負責辦學和創校之任務。實際上，金門分部主任之位階卻在編制上定位於四技系主任之下。

這種行政乖逆之怪現象，恐怕也只會出現在這種特殊的時空下。即2002年金門分部獲准增設運動管理系和應用外語系，這兩系的位階皆在金門分部主任之上，領導上出現下級指揮上級的現象。這種怪現象，在金門分部維持了一個學年。直到2003年金門分部奉准獨立為金門技術學院，此問題才自然解除。

這是國家不合理的法規問題，與校本部無關。

昨天，2002年9月2日，在校本部召開金門分部綜合大樓檢討會議，建築師、承包商都出席了，討論之主題包括，伸縮縫之改善、採光井之加做、減價收受等急需協調之收尾問題。會中建築師提出異議，指若有待仲裁來解決之問題，請不要做責任歸屬之判斷性字眼。此話一出，校本部承辦人立即反駁，建築師也依法就範。

同日，向會計室提借錢的事，因金門分部有幾項工程務必要

金門分部時代，表面上是一級單位，實際上是二級單位。

付款，得向校本部再預支下年度之經費。結果，會計室承辦組長取出年度預算分配表，表示有困難，只好請會計主任設法克服。

從以上校本部同仁的堅持，表面看起來似乎無解，實際上回顧過去五年來，若沒有校本部同仁純熟的專業指導，金門分部根本沒有能力承辦高難度的工程發包和財政危機。

感謝校本部將士用命，用力還出錢。事實證明金門分部在校本部心目中的定位，不僅不是次殖民地，簡直享有治外法權。

校舍蓋大了，歪打正著

2002.9.9

　　舉債辦校務，是當下金門分部財務狀況之寫照。

　　因為搬遷和學生宿舍之克難隔間，花費430萬元，是年度預算未事先編列，校本部會計室當初承諾實報實銷。結果，搬遷進行前，代理校長亦指示先擬一份計畫書，再依計畫書來補助，最後以預支下（2003）年度的業務費來因應。共預支300萬元。仍不夠支付基本開銷。

　　2002年9月9日，我再度親往校本部說明此問題之迫切，並依其指示，向教育部爭取補助。下午4時40分與王明洲組長一起去見代理校長。

　　我說明，除以上搬遷經費外，仍需為大樓裝置鐵窗和窗簾。

2001年5月14日綜合大樓屋頂混凝土澆置。

2001年10月11日甫完工的綜合大樓。

2001年8月25日綜合大樓周邊施工。

此問題一提出，引發王處長和林校長異口同聲地指出，今天之所以裝修工程經費不足，原因是當初大樓只提供17,000平方公尺之經費，結果卻興建了26,000平方公尺，難怪要減項發包。

　　惟今天有這麼大的空間，尚要感謝當初設計之歪打正著，反而提供了比當初的規劃還大3分之1的校舍。

　　經過討價還價的結果，答應再預支200萬元。

變換車道，希望後來居上

2002.9.15

　　2002年9月14日晚，一年級新生強烈反應，不希望金門分部獨立設校。因為高雄應用科技大學享有盛名，其畢業證書出路較好。據此，金門技術學院與科技大學比較，似乎是降級而不是升格。

　　準此，吾人努力之目標是金門大學，最後總有一天要實現。屆時，豈不是很尷尬。

　　窮則變，變則通。金門分部可改造，由技職司轉為高教司，由科技大學轉型為一般大學。

　　其方法，可由金門高中著手，由金中校方和學生家長會來向政府反應，指政府在金門設立大學，只照顧到金門農工，未普及金門高中，若再增設為另一所大學，增加成本。若在本校金門分部兼辦，比較具體可行。

　　校本部已經有39年的歷史，要改制比較困難。猶如已上了中山高速公路，不易改為二高，除非下交流道，再重新轉換車道。

　　金門分部此刻，仍在交流道的階段，在上高速公路前，可選擇走一高還是二高。

2001年10月大學路施工前原貌。

破釜沉舟，為創校奮力一搏 2001-2003

153

一盤散沙，要如何用水凝聚

2002.10.17

　　1997年，創設金門分部之初，其構想極為單純，以為借用金門農工實習農場11間教室就可以打發。其使用空間之分配為1間電算中心、1間圖書室、4間教室、1間辦公室、3間專科教室、1間活動中心。

　　由於大家都在一間大辦公室上班，彼此都能招應，分工亦很正常。幾個月後，觀光科與工商科撤至另一辦公室。

　　1998年，借用湖小科學館及學生宿舍，乃開闢農場二樓2間教室為食品和營建科之辦公室。

　　辦公室由集中而分散，2000年增設資管科，辦公室設在3樓加蓋的鐵皮屋，2001年增設財金科，辦公室還沒有著落。

　　2002年搬至新校區，辦公室更為分散，不僅各科有獨立辦公室，各組亦有自己的空間。同時，各教師有自己的研究室。教師和行政人員分散至大樓的各角落，平日開會才會見到人。

　　形體之分散，並不能代表分離。重要的是同心分工，否則同床異夢，大家聚集一堂又有何用處，分工不代表一盤散沙，要有共同目標。

　　其中，交待之任務和義務要明確。其方法，首先要有計劃和具體之要求，然後，追蹤考核。最後，考核要有效率。

　　有效的考核，其前提是每一位同仁都參加，否則為了怕考核而不參加，才是一盤散沙。

　　今日的金門分部，問題出在考核沒有效率，導致工作缺乏誘因，於是，各自忙自己的事，放著公事無人過問。

美化校園，與順天應人有關

2002.10.18

2003年3月20日前教育部政務次長范巽綠（右）等蒞校參與校園植樹活動。

乍看之下，綠化、美化校園，應與順天應人無關。然而，四浦林場之開發，因地表之樹林一棵也未留，同時，又改變地貌，致下雨時土石流不斷。

為了改善土石流問題，尤其一片黃土，光禿禿的校園亟待綠化，即多次向教育部提出申請，於9月間提出草案，分為植栽綠化工程、公共設施工程，以及地下管溝第二期工程等三大項，總經費約4,900萬元。

2002年10月14日赴教育部報告學生宿舍發包進度時，利用此機會提出檢討。黃執秘世昌指示，宜先建運動場。而體育館是建校工程之最後一棟。盧秘書武雄亦提示約十點要領。

教育部公共工程審議監造委員會之立場很明顯，因為其長官已指示盡快綠化校園，下次再去金門，不要再看到仍然一片黃土。此外，教育部亦把經費保留下來，只要我們規劃完備，經費計算準確，教育部有信心之後，經費即可核下。

是故，整地雜項工程，在順天方面，要符合大地之原理，在應人方面，要仰合上級長官之重視，如此，始能達成任務。

創業維艱，一人挑兩擔

2002.11.15

　　從無到有，當然要靠創業，但若守成做不好，則創業每加一分，保守倒扣一分，還是回到原點。

　　金門分部沒有創校籌備處的組織，因此，校舍之興建、科系之增設、設備之充實、環境之改良和美化等，不僅在創校方面，需要一組人手，在辦學方面亦要有一組人馬。

　　惟金門分部一組人馬，負責現在之辦學，已呈現力不從心，當初4個班140位學生，現已擴大到21班900人，這組人馬已疲於奔命，更不可能再負責創校之籌備工作。

　　在創業方面，諸多的業務推動起來困難重重，創校工程是如何規劃？誰來規劃？誰來執行？經費在哪裡？行政程序有何障礙？協調之項目、進度、目標等問題尚待解決，例如：第二期校地之開發、第二條連外道路之開闢、校園之美化、科系之轉型，以及完整教學研究設備之充實。

　　在守成方面，新的創業若有成果，接踵而來的問題是如何面對新的工作？誰來執行？誰來擔任此項新的業務？

2009年7月21日李金振校長（中）偕李錫捷教務長（右）赴教育部向周以順執行秘書（左）請益改大相關問題。

大學四年，其實像二專

2002.11.24

　　自從實施週休2日後，每週上課時間只安排在星期一至星期五，每週5天，每學期18週，合計90天，上下學期合計180天。

　　一年365天，真正上課只有180天，休假天數竟有185天，比上課時間還多5天。

　　因此，大學生每年只讀半年，四年的大學，其實只有二年。

　　準此，每週以5天算計，這是負責盡職之滿時數，若以教職員而言，尤其是教師，有些教師之課程只安排3天，18個星期合計54天，上下學期合計108天。

　　若每週之課程只安排2天，18週合計36天，上下學期合計72天。

　　一年365天，真正上班上課只有108天或72天，只有3分之1至5分之1在上班。

　　工人每天上班，按日計酬，星期日不上班，就沒工資可領。多元就業（永續就業）之工人，其工資之計算亦是按日計酬。

2003年2月16日應用外語系首次禮聘美籍教授
Grant Henning博士（左三）為講座教授。

挹注設校經費，縣府樹立典範

2002.12.7

　　日前金門縣獎勵大專院校建校基金管理委員會通過二項決議，除同意補助已經完成設校工作的國立高雄應用科技大學金門分部1,100萬之外，並同意補助即將動土興建的銘傳大學金門分部87萬元，並將請高應科大金門分部研擬獎勵來金門唸大學之相關辦法。

　　這樣的具體行為，尤其在預算拮据、財政告急的地方政府，金門縣的大手筆投入興建大專校院的決定，已成為全國各縣市之典範。事實上，金門縣每年之預算總額不及100億元，設立了3億元之建校基金，已佔總預算之百分之3強。以此比例若適用於其他縣市，則台北市將達百億元。足見金門對興建大學之決心。

　　事實上，對於第一所大學之創設，除以行動馬不停蹄地向中央爭取之外，從1997年起，國立高雄應用科技大學金門分部創設以來，金門縣政府更繼續投入更多的人力、物力和財力。過去六年來，金門縣政府無償撥用四埔林場14公頃之縣有土地，論地價，大約是新台幣4億元以上，興建大學路亦逾1,000萬元。到目前為止，中央政府對金門分部之投資，綜合大樓3億1,000萬元，整地雜項工程1億元，學生宿舍1億元，景觀工程及公共設施約1億元，合計已投入6億元。在以上10億元之投入當中，金門縣政府佔了百分之40，中央政府佔百分之60。

　　在設備方面，六年來，中央政府已逐年編列9,000萬元，這次金門縣政府通過補助充實設備之經費亦達1,000萬元，約佔百分之10。

2004年3月10日金門縣政府教育局長盧志輝（左）與教育部政務次長
祕書周以順（右）蒞校指導。

　　地方自治之重大工作項目中，辦學校是重要之一環。然而，
其所指的是國民教育，早期是小學。金門推動的極為徹底，幾乎
是村村有小學。1964年更率全國之先，優先試辦國民中學。爾後
每鄉鎮相繼成立。迄今已達鄉鄉有國中。配合金門高中、高職，
金門的基礎教育已相當紮實，惟在整體教育體系中，已完成很堅
實的底盤和大部分的結構，只差高等教育即大功告成。如今，金
門縣政府於繼續辦好中小學教育之餘，更向高等教育伸出援手，
令人不得不佩服金門縣政府對教育之重視和企圖心。

立定目標，迎接金門大學誕生

2002.12.4

2007年3月2日教育部技術學院評鑑召集人馬哲儒校長（左）蒞校指導。

　　金門縣自古以還，雖然文風鼎盛，人才輩出，享有海濱鄒魯之美譽，然而，在當前全國23個縣市中，卻是兩個尚未設立國立大學的縣市之一。列入全國教育優先區，質言之，是指教育落後地區的意思。

　　1997年8月，在地方行政首長與民意代表之奔走下，終於在萬難之下，行政院指派全國技職專校評鑑第一的國立高雄科學技術學院來金門設立分部，藉以輔導為獨立學校之準備。這項決策，著實滿足了金門民眾渴望設立大學之殷切期待，並帶動金門各界對籌辦第一所大學之熱烈參與。於是大家爭相提供校地、借用臨時校舍，為共同之理想共襄盛舉。籌備之工作進行的十分順利，這期間，一方面金門農工提供實習農場、金湖國小提供科學館、技教館、教師宿舍，縣政府提供仁愛山莊、金門高中提供英

士樓、金湖鎮公所提供警察所舊館。在大家之協助下，金門分部創設之第一年同時招生，科系之數量與師生人數亦立即直線上升。另方面，在縣政府無償撥用縣有土地四埔林場14公頃做為學校用地，土地之開發整理、雜項工程與第一棟綜合大樓之興建，同時進行，並相繼於2002年完工啟用。第二棟校舍學生宿舍及第2期景觀工程公共設施工程隨即開工。

金門第一所國立大學之籌備工作雖然進行得很順利，但爭取獨立設校卻一再延遲。依澎湖海專在成立分部第三年即獨立設校，金門分部若比照處理，應該在2000年獨立設校。校本部高雄科學技術學院亦決議報請教育部申請於2001學年度獨立設校。教育部安排本校金門分部獨立設校訪視小組，並將訪視結果提案「技職校院變更審議委員會」討論，同意本校金門分部正式籌備獨立設置技術學院。行政院亦原則同意由本校金門分部進行籌備獨立設校事宜。2002年11月4日教育部召開技職校院變更審議委員會，第二次討論本校金門分部獨立設校案。這項決議，明確地指示金門大學之誕生，已獲教育部核准，俟報行政院核備後即可確定。

據瞭解，由於國內大學已經過量，基於總量管制，大學將不再增設，因此，在全國160所大學中，金門大學應是最後一所。起步較晚，各項建設與成果，自然無法與其他大學同日而語。尤其金門大學之鄰居，被大陸列為重點大學的廈門大學，使得金門大學很難不急起直追。

我們「偷」懶嗎？

2002.12.8

　　日前在電話中與負笈美國的小犬宗儒討論懶惰的課題，結論是：懶惰在我們的觀念與道德標準中，是不好的行為，是要被糾正的，可是人又有好逸惡勞之天性，但又不敢正大光明地懶惰，所以才要去「偷」，反之勤勞是值得讚美的好習慣，但不容易做到，所以要勉力而為，所以要奮力克服，才叫克勤克儉。

　　從法律的觀點，偷竊是侵佔他人的財物，是要接受法律的制裁，所以偷他人的東西是犯罪之行為，是被法律所禁止的；然而，「偷懶」，表面看來，未侵犯他人之權益，無傷他人之自由，只損及自己工作進度，所以不受法律制裁，也無「法」禁止。準此，偷東西是犯罪之行為，偷懶卻不是犯罪的行為。

　　然而，在學校裡面，偷懶之行為雖然沒有直接犯罪，但從盡職之角度分析，偷懶乃是影響成績和工作效率之重要因素。學校之成員，不外乎是由教師、職員、工友、學生等所構成，就教職員工而言，在公立學校，係由國家所聘任，在規定的時間內來執行所託付之要務，倘若偷懶，則有怠職之嫌，應受到檢討。就學生而言，公立學校之大部分學雜費係由國家支付，在有限的教育機會，錄取的學生自然是享受此國家所提供之教育資源，若未盡全力用功做學問，乃有虧國家之付託。

　　日前，2002年12月4日我在主持升旗典禮時，曾勉勵全體師生，任憑我們每一位學生及不兼行政之專任教師，每週在規定的週一至週五，每天認真地上班上課8小時，一年365天，也只上班上課180天，佔全年的2分之1弱。換言之，約有半年以上的時間

高雄應用科技大學黃廣志校長（右四）、林仁益校長（右三）
蒞臨本校指導。

是不必上班上課。

　　以上之計算方式，從上班上課之角度切入，以每學期18週
計算，一學年36週，每週工作5天，合計180天。若從休假角度計
算，每週週休2日，36週合計72天。此外，寒暑假112天，將週休
2天加上寒暑假合計184天，比上班上課的180天還多4天。

　　這種計算之前提是：假設週一到週五，每天都上班上課8小
時所推算出來的，這樣的工作天數，相當於每工作一天就休假一
天，兩者相平衡。

　　有云，勤勞者，會為明天的成功找方法，偷懶者只會為昨天
的失敗找藉口。我們環視，在人群激烈的競爭中要能出類拔萃，
真是談何容易，若能在時間管理上找到更多的資源加以開發利
用，或許是一種另類的思考，猶如將一年中有半年的休假加以開
發利用，則我們雖然是就讀二專，也有四技之成果，反之，若一
年只讀書半年，另半年卻放假放掉了，則四技也等於二專。

解決土地問題，悟出箇中三昧

2003.1.21

　　這六年來，與民眾接觸最多的機會，不外乎四埔林場校園中的私有土地協議價購、墳墓遷葬、及大學路的私有土地協議價購。

　　民眾是站在私有權利的立場來做保衛戰，我方則基於公益的立場來請求讓步。兩者沒有焦點。

　　從權能區分的角度分析，政府（校方）是有能力的一方，地主是有權利的一方。若每次協調，政府總是向地主訴苦，要地主為政府解決問題，則猶如專家向文盲求援。

　　若每次政府總是來傾聽地主的意見，讓他發洩，則一吐為快之後，政府不能只聽不練，光聽不練，重要的是如何解決地主之苦。

　　我與民眾之接觸，先聽其言，察其行，看出其問題在哪裡，把問題帶回來研究，尋求答案。而後，把答案做為第二次協調會之議題。每次會議，雖不能立即達成目標，但總有前進的績效。

　　要解決問題，不能只帶耳朵與會，也不能只帶嘴巴與會，要帶腦筋，要帶方法。若無方法，則此會豈不白開。

學生一舍（右）與學人一舍（左）毗鄰而立。

2007年興建中的圖資大樓。

破釜沉舟，為創校奮力一搏 2001-2003

獨立設校，漫漫長夜露曙光

2003.1.23

有云羅馬不是一天造成的。是歷經不同時代，多少君王、臣民的苦心經營所累積而成。

1997年我接掌金門分部主任時，教育部告訴我，金門分部是過渡階段，將來是要獨立成一所學校，猶如澎湖海專。

我來到金門，頭一年是借用金門農工實習農場。當時以為政府就會有一套完整的規劃和預算，然後逐年來實現。

後來，慢慢發現，肩負創設大學之主角不是設立籌備處，竟是這個被創造者的金門分部。換言之，要等金門分部長到足夠的規模，再考慮是否予以獨立設校。而扮演主導角色的教育部，一方面嚴格控管金門分部的成長，另一方面再以規模太小為由，要獨立設校，言之過早。

旁人告訴我，設大學是要有校舍，有校地，看你現在什麼都沒有，談獨立設校，憑什麼？

於是趕快要興建校舍，是為先決條件。然而，校舍之基地呢？自己去想辦法。

眼前的校地，只是一張縣政府給的公文，同意無償撥用，土地位置在哪裡、範圍多大、地形地貌全都不知道，而鑽探、鑑界、都市計畫變更、環評等手續，都是樣樣不可少的大問題。此外，地上產權問題，如私有土地之協議價購、保安林之砍伐、墳墓之遷葬。協調的對象包括縣政府各局、地主、墳墓家屬、軍方。一關接著一關。原地踏步是常有的事。碰釘子，不歡而散，踢到鐵板，哪種滋味沒嚐過。

教育部黃政傑司長
（右二）關心金門
分部之校務發展。

　　土地問題處理一個段落，趕緊蓋校舍。公立學校蓋一棟大
樓，程序至為冗長，預算超過一定金額，要先提構想書送審，然
後才可以爭取預算，撰寫規劃設計書，審查通過後，才可參與編
列下年度之工程預算，送經立法院三讀通過。執行預算、施工期
間才是真正忙的開始，從上網公告，到開標、簽約、動土、施
工、監造、估驗、驗收、付款，過程冗長而繁瑣。這些手續都要
時間，就算一切順利，至少也要等2年。

　　1999年規劃設計綜合教學大樓時，為了早日蓋好，擁有自
己的校舍，以便結束寄人籬下之苦。在預算只核定3分之1的前提
下，曾考慮先蓋前棟。然後，東西棟及後棟，等預算全部到位後
再繼續施作。後來沒有這樣做。採整棟一起同時進行，是因為林
清江部長一趟金門之行才得以解套。

從大學池對岸遠望校園。

　　在綜合教學大樓興建期間，曾邀請曾志朗部長來工寮簡報。俟二樓結構體完成，曾部長亦來一樓看簡報。2001年4月，動工後一周年，整棟大樓之結構體大致完成，教育部來訪視前，簡報室就設在一樓，牆壁尚未粉光。

　　綜合教學大樓的施工進度，與申請獨立設校之作業流程呈雙軌並行。

　　2001年歲末，陳水扁總統及張俊雄院長先後來分部時，道路尚未完成，塵土飛揚，2002年2月大考中心將金門考區設在本校，彼時大學路尚未完工。

　　有人說，硬體建設仍在進行中，為何不等完工後再談獨立設校？吾以高雄大學、台北大學、中正大學、中山大學為例，它們都是核定設大學，再籌備各項建設的，猶如錄取後再修學分。唯獨本校要等建設成功，再評估是否符合設校準備。猶如先把畢業學分修滿，再衡量是否錄取。

有籌備之實，無籌備之名

2003.1.24

早在金門分部創設之日，就已立即展開獨立設校之籌備工作。

這些年來，以獨立設校所必須具備之條件，逐一實現。

到2000年，已籌備3年，校本部眼看澎湖海專於1992年設立澎湖分部，1995年就奉准獨立設校。本此標準，金門分部此刻提出申請，最快也是2001年獨立設校。比澎湖海專還晚一年。

惟2001年7月，教育部核定以任務編組方式設立籌備處，未獲行政院同意，行政院裁示以金門分部來進行籌備工作即可。

在沒有籌備處，而金門分部又人手不足，單應付辦學已忙不過來，那來人手籌備獨立設校？同時，現有職員對獨立設校完全陌生，如何進行，都不一定聽懂。此外，還有3分之1教師採部分時間去台灣進修。

如今，行政院已正式裁示，金門技術學院於2003年8月1日獨立設校，前後整整籌備六年。回顧這六年之籌備工作是怎樣促成的，一言以蔽之，就是穿針引線地把金門縣政府的土地，教育部之經費，校本部的人力，也就是土地、資本、勞力三者做有效率之整合。

2003年6月25日學生一舍基礎模板組立。

創校成功
立即向改大邁進
2003-2005

獨立設校，金門大喜

2003.1.25

2005年4月20日與金門縣文化局策略聯盟簽約由李金振校長（左）與李錫隆局長（右）換約，李炷烽縣長（中）見證。

從2003年1月23日行政院游院長宣布金門技術學院正式獨立設校以來，在金門街上人群中，大家都向我恭喜。

我認為：這是金門的大喜，應向金門恭喜。金門大學是全體金門人的公共財，也是全體金門人的負擔。

一千多年來金門第一所大學，是金門的大事。籌備期間不能猶疑，只准成功，不許失敗。

日前，薛承泰教授、李國忠教授先後允諾每月返鄉授課4小時。深信有更多金門子弟願撥冗回來開課。

試想，金門大學若辦不好，金門子弟揚名他鄉亦臉上無光。吾人相信，金門之人才濟濟，有信心可以辦一所世界著名大學。

尤其，對岸又有廈門大學，中華民國不能輸。短期不能和廈門大學比大，但可以比精緻。

先由金門旅台學人開幾道好菜，端出牛肉來，配合幾位大師級的專任教授，可以打出一點號召力來。

當獨立設校已經確定，今後之工作重點，當由過去準備達成設校條件與要求，轉為發展本校之特色，健全內部之組織和功能。猶如高中生先準備入學考試，錄取後再好好做學問。

核心價值　戰略目標　有效管理

2003.2.12

　　每天都有人向我恭喜，稱我是未來之大學校長。我若否認，又被諷為虛偽。若肯定，則豈不是存心作官。我笑著說，我現在想的是把眼前的事做好，8月1日的事，言之過早。

　　應該恭喜的，其實不是我，而是金門。

　　金門縣自古文風鼎盛，進士博士輩出，然而，近50餘年來，受到戰爭之洗禮，金門配合國家之政策，肩負起保衛後方之重責大任，戰爭之砲火遮蓋了原本文質的氣息。

　　1992年解除戰地政務後，昔日文風之光芒趁隙而出，經過多方的努力、十年有成，終於有一所國立大學之誕生，這是金門長期忍受戰火之苦之回報。是長期犧牲之福報。

　　因金門有條件設立一所大學，只是時代的境遇不允許，只要時機成熟，就水到渠成。

　　金門大學之創設，猶如一個旺盛生命之誕生，吾人生也有涯，與金門大學不可同日而語，現職同仁，最年輕者在35年後仍要退休，而金門大學於35年後正值青少年。

　　以有限的生命搭上金門大學永恆的列車，誰都不願做個歷史的缺席者。

　　在廈門大學優質的對照下，金門大學很難不進步。有了共同的目標，群策群力，不怕做不好，只怕不做事，不怕唱錯調，只怕唱反調。堅定信心，動手做事者，永遠有權利向只會說得頭頭是道者說：「我尊重你有表達意見的自由。」

伐木興學，犧牲林木令人心疼

2003.2.28

　　1997年8月，進入四埔林場，一片林木茂盛，不得其門而入，與盧志輝局長、葉宏安處長多次從不同道路進入，均只到森林邊沿就被迫停住。

　　進行鑑界前，為了方便測量，曾花了4萬元整理出一條路線，砍了不少樹林，令我心疼不已。

　　為了校園整體規劃，因雜草茂密，看不清校地全貌，曾請工地主任派怪手清理，未料又傷及無辜，損傷不少珍貴濕地松。

　　到了整地雜項工程開工頭幾天，承包商未經同意，就把整個校區之林木完全砍光，甚至依設計暫時保持原貌之校園後側亦未能倖免。看到這般慘狀，也只能無奈接受。吾做事之原則，對於來得及預防者，會盡一切可能去努力，對於已經既成的事實，不想再作無謂的追究，然而，卻痛在心裡。

　　如今，14公頃的校地，除興建綜合教學大樓外，其他校地，還要規劃興建學生宿舍、職務宿舍、圖資大樓、體育活動館、工程大樓等校舍，所剩空間著實有限。因此，校本部李世瑜先生在雜項工程進行規劃前，就勸我不要去為林木而煩惱，將來挖方、填方之後，高層都改變了，這些林木遲早保不住。

　　往者已矣，來者可追，為了彌補被砍伐的樹林，自2002年4月起，范巽綠政務次長來校視察，看了之後，直覺校園光禿禿的，不像校園，黃世昌執秘負責協助，經過半年來的努力，江柏

1997年12月四埔林場的第一鏟：鑑界整地。

煒組長協助研擬計畫書，多次經過盧武雄秘書之修正，終於在
2003年2月26日教育部召開「籌設及強化國立教育機構經費分配
會議」，核定金門分部第2期景觀工程公共設施、地下管溝等工
程費合計4,000萬元。

四埔林場當初一片榛莽，然而一步一腳印，以今視昔，真不可同日而語了。

十年樹木、百年樹人

2003.3.7

2004年3月10日教育部黃榮村部長（後排中）次長
周燦德（立右四）蒞校參加校園植樹活動。

　　人類懷胎十個月，可享百歲之壽，一所大學籌備6年，當可
發展700年以上。以此類推，金門技術學院已注定是一個長期發
展的教育事業。

　　以成大為例，創設70年後的今天，各項校務發展正欣欣向
榮，系館之增建、改建、宿舍之增建等建設，如雨後春筍。

　　今天的金門分部，只有6歲，從6歲到60歲，都是屬於發育
期，尚未定型，均有改造之空間。

目前金門分部的同仁，最年輕者是林正士，1974年生，還不到30歲，俟35年後屆齡退休，金門技術學院亦不過40歲，是故，從時間快速往後移動，35年後，金門技術學院還僅是青少年時期，但現有金門分部同仁全部都已經屆齡退休，足見人的壽命不能與學校同日而語。

再說樹木，四埔林場被砍掉的樹林，至少有三、四十年，如今要重新種植，還要時間。

2003年3月5日與陳棟燦組長赴林務所看榕樹苗，其插枝樹苗，直徑約10公分，大約有10年的年輪，以此種植，可節省10年的時間。

2003年3月6日到台北，與李炳團老師聯繫，得知堂兄李錫營服務的路燈管理處有上百枝榕樹待移植，但缺乏運送經費。吾很有興趣，打算承接這些榕樹，如果成功，可節省數10年的時間。

十年樹木的校園美化，百年樹人的創校建校工程，都是從今日做起，未來的發展基礎，決定於今天的策略和眼光，主政者不可不慎。

2003年3月7日下午6時，新生報董事長黃金文引介，面見教育部政次范巽綠，面邀范政次於3月12日蒞臨金門分部植樹。范政次允諾於3月19日與葉菊蘭部長、陳菊市長等，一起來見證金門大學的綠化工程。

一年樹穀、十年樹木、百年樹人

2003.3.12

　　今天（2003年3月12日）是植樹節，是本校金門分部進駐四埔林場新校區以來遇到第一個植樹節，全校日間部8個科系14班及教職員一起舉行首屆植樹活動，邀請福建省顏忠誠主席、本縣李炷烽縣長等貴賓參加。

　　一、就新校區而言，一年樹穀，可解讀為植草，2002年初，仍是一片黃土，是標準的不毛之地。早在2001年12月，向教育部爭取200萬元年度結餘款，其中100萬做了二個籃球場，座落於圖資大樓後側，另外100萬進行榕園及綜合教學大樓四周植草。2002年才施工，俟8月搬進新大樓，尚未長成。中庭的花崗石地磚尚未施工。9月開學，首先購買台北草，先把中庭的草坪鋪植完成。這次嘗試，效果出乎意外的好。乃以同樣的方法種植東側陡坡，至於廣場中間及大樓前面之湖濱公園，則選擇以草種方式種植。如今，不到一年的光景，經過第一次寒冬，春天來臨之際，綠草欣欣向榮。春假雨季來臨後，深信將是綠草如茵。

　　二、十年樹木，對金門分部而言，2002年秋天，從金門縣林務所移植了上千株的杜鵑花和光臘樹，其中杜鵑花種植於大樓前之花圃，光臘樹種植於校園四周。如今花已種活了，花也開了。今天是植樹節，邀請地方首長共同主持植樹活動。8個科系各樹1棵，合計樹了16棵，每棵直徑約20公分，看來青翠，希望快快長大。

　　三、百年樹人，第一屆金門技術學院學生，應是2002年入

學，目前大家都以能擁有校本部之校名為榮，原因是校本部已有
40年之名氣。金門分部才六年，一切才從頭開始。因此，心存虛
榮之學生仍以現成之名氣為導向，殊不知，今天的金門技術學院
因基礎尚淺，過去戰亂，起步較晚，但有朝一日，將成為世界之
一流大學。不能只看現在之景象，要看未來之遠景。

這一代的合作無間，原來上一代就已結善緣，金門國家公園管理處李養盛
處長（左）和金大法律顧問李志澄律師的父親李怡來先生（中），當年就
是李金振校長（右）的父親李水院先生的好友。

吳京部長談研究方法

2003.2.23

1997年8月2日吳京部長主持
金門分部成立慶祝酒會。

　　2003年3月21日（星期五），從金門回台南，晚上5時30分，請吳京部長用餐，陳金雄校長作陪，這是我和內人在同一地方作東宴請長官的第二次。

　　席間談到研究方法，吳部指出：

　　一、隨時做筆記：任何靈感、好的句子、新的理念、新的資訊、甚至無法解釋的問題，有待求證的課題，都可透過任何形式，包括錄音帶、打字、電腦，以累積的方式充實起來。

　　二、建立資料庫：不同領域的筆記，分門別類地蒐集，因此同時可進行很多篇的研究主題。

　　三、什麼時候發表：任何主題，只要資料夠多，已經夠成熟，它會自動地反應，趕快把我放出來，就去發表。

　　四、資料之篩選：資料之價值，要經過大腦，再進入資料庫。資料隨著新資料之進來而不斷地調整。

五、研究計劃是要不斷地演進：若六個月前所訂的研究計劃、研究大綱與現在完全一樣的話，表示這六個月來新的發現，新的想法並沒有進步。

　　六、資料庫存有疑問者，它自然會提出訴求，某部分未經證明，亟需實驗。並且可尋找何處可提供答案，或與別人合作。

　　七、撰寫是思考用得最多的時候，要及時記下思考的發現。

　　八、研究而不及時記錄，猶如下棋沒有棋盤。

　　九、職業研究員，不能放過任何思維的紀錄，隨時隨地去碰觸新的問題，解決問題。

　　十、師徒制的傳承：學弟要向學長學習研究方法，並接受學長指揮做實驗。

　　晚餐於8時結束，我和內人均覺得受益匪淺。

教育部吳京部長夫人張紫君女士（左二）於2011年10月5日蒞校參訪。

國立金門技術學院是創造出來的

2003.3.24

　　科學家所發明的作品和研究成果，一般稱之謂發現，因為這些研究理論，在宇宙間已經早就存在了，只是沒有被發現。

　　什麼是發明，能把發現的道理應用到各項日常用品，成為可用，可欣賞的成品、作品，這是原來宇宙所沒有的。有了這些可增進人類之文明，所以發明是由無到有。

　　國立金門技術學院，它既不是被發現出來的，也不是被發明出來的，這兩種解釋來說明其由來，無法完整的，正確地詮釋清楚。

　　那麼，金門技術學院是怎麼來的？

　　大凡一個機關公司之成立，起初不外乎要有基本之構成要件，即資本、土地、勞工等三者，學校亦然：

2001年11月18日綜合大樓落成，陳水扁總統主持揭牌啟用。

2001年10月28日行政院長張俊雄蒞臨校巡視。

2001年11月18日陳水扁總統蒞校巡視並主持綜合大樓揭牌。

一、在資本方面：公立與私立之別，此為關鍵因素之一

1.來自政府預算：金門分部自1997年創設以來，從中央政府所編的預算到地方政府的贊助，六年來合計約10億。

2.來自私人之投資：抱著事成不必在我的心胸，政府投資，也把機會提供給私人。猶如私人投資於公營事業，俟其投資額佔總資本額的百分之50以上，則私人即可取得經營權。是故，私人捐獻資金興學，與其說是捐款，毋寧說是投資。目前，金門分部私有資本，必然會直線上升。

二、在土地方面

設大學，土地是不可或缺之先決條件。有許多地主因提供校地，再向銀行借貸資金來興建校舍，因此而成為創校董事長。

1.就本分部而言，土地14公頃來自金門縣政府，未來還有更多的發展用地同樣將來自縣政府。環島北路有5公頃，環島西路也有5公頃，頂林公路將有10餘公頃，合計逾30公頃。

2.創設金門技術學院，在私有土地方面，尚未產生作用。過去有零星二筆土地是私有地，地主是林永棟和許浩雲。在協議價購下，均獲得接近於市價的補償。

三、在人力方面

有資本、又有土地，仍然無法製造成品。金門分部六年來，

提供腦力、勞力者，來自下列各界：

1.分部職工的疲於奔命：依先來後到者，陳建成、崔春華、葉麗珠、馬振福、李愛治、陳昆橋、黃惠菊、李明煒等。在校聘人員方面，依序是魏阿芬、李瑾珊、李本、洪淑玲、黃泰勛等。這群忠於職守，長期為創設新大學而賣命。

2.分部專任教師之認真教學：六年來的創校工作，與辦學並行，若沒有這些師長們（由當初12位逐年增加到目前37位），教學工作絕對要落空，那有餘力去創校。在專任教師中參與創校工作者，比較明顯者是總務組成員跟著忙校地之開發和綜合教學大樓之興建。

3.校本部之相關處室：

過去六年來，與金門分部有關的校本部各單位，有秘書室、總務處、營繕組、事務組、文書組、保管組、出納組、人事室、會計室、教務處註冊組、課務組、學務處課外活動指導組、生活輔導組、軍訓室。間接方面有：進修推廣部、進修學院、合作社、體育組、電算中心、圖書館、教育學程中心等。各系方面，有企業管理系和觀光管理系協助設立二技進修部。

4.金門縣各界：

包括金門縣政府縣長、主秘、秘書室、教育局、財政局、工務局、建設局、民政局、地政局、主計室、社會局，以及金防部、國家公園管理處、救國團等中央駐金單位。此外，金門農工、金門高中、金湖國小、金湖鎮公所等單位的鼎力相助，於前

教育部黃榮村部長（左三）蒞校視察。

五年提供校舍渡過難關。就個人而言，有李增財、李再杭、吳啟騰、許維權、李根遠、李增德、李炳團、李養盛、李文塊、李炎改、李炎團等地方賢達之提供建言與關懷。

5.旅台學人：

包括李錫奇、陳德昭、陳德禹、陳德新、李智源、李國忠、薛承泰、楊永斌、黃怡騰等。

6.教育部相關司處：

包括技職司、總務司、會計處、人事處、部長室、秘書室、次長室、以及工程審查會等單位。

以上各提供人力之單位，來自四面八方，有的出勞力，有的出主意，有的適時助一臂之力，有的補進臨門一腳，有的默默祝福，為善不欲人知。有的引導方向，有的加油打氣，還有那奮不顧身的烈士，全都是一個緣字。金門技術學院，不是單純的因素構成，它一出生就是一個彙合體，猶如大樹，把土壤中的水分、養分、空氣中的陽光、空氣、雨水和溫度、氣候、結合成百年千年的大樹。當然，還有這棵樹之存在，否則水還是水，不會變成大樹。那是因為樹有組織，有生命。

麻雀與老鷹的比喻

2003.3.30

　　綜合大樓使用一學期以來，最感到空間不足者，莫過於少了一間禮堂，而各系科的階梯教室合計十間，若合併起來，應該有一間禮堂的大小。此外，圖書館、電算中心、學生活動中心、行政大樓、學生宿舍，都利用教室和研究室等教學空間來改裝使用。

　　也許，有人會問，為何不把綜合大樓直接設計成具有以上各種功能的空間，雖然每項空間都小小的一棟，但麻雀雖小，五臟俱全。若金門技術學院要定位在麻雀之規模，依現有之投資，應可滿足各項之需求，如金湖國中之格局。

　　若金門技術學院要定位在老鷹的格局，則整隻麻雀的總量，亦抵不上一隻老鷹的頭或腳。於是有了頭就沒有腳，有了腳就沒有翅膀，一定感到不便。

　　本校校舍之興建，若以十年計劃，則第一年只能完成一部分，其餘部分有賴於未來九年陸續完成。俟第十年，則可見樣樣俱全。

　　若以十棟校舍之規模，第一棟是全部校舍之一部分，而不是具體而微的校舍。因此，創校之初，各項功能之校舍尚不具備，只能把已完成的校舍作變更使用，例如暫把教室當宿舍。是有不便之處。俟十棟完全興建完工，則各項校舍均能依原先之設計使用。

這是綜合大樓鳥瞰圖，建設宏偉，要拔地而起振翅高飛了。

獲准獨立設校後
第一次升旗典禮對全體師生致詞

2003.4.1

2003年7月30日金門技術學院獨立設校，行政院長游錫堃（左三）、立法
院長王金平（左二）、教育部長黃榮村（左四）等貴賓蒞校揭牌。

各位敬愛的老師和親愛的同學們：

上個月（3月份的第一個星期三）例行的升旗典禮，因雨而
暫停，所以今天是本學期第一次升旗典禮。

自從今（2003）年元月23日獲知我們金門分部將於92學年度
獨立設校消息之後，由於正逢寒假，各位都不在學校，我有許多
話要對大家說，都苦無機會。等開學後和大家見面，心中百感交
集，多次無法把話充分地表達。深怕大家不理解一個不可改變的
事實。

從上學期開學起，就不斷地聽到同學情辭迫切地向我反應，能不能等到我們畢業後再獨立設校，以便我們能順利取得校本部高雄應用科技大學之畢業證書。

　　我的立場很為難，既然辭掉了服務二十幾年成功大學教授之工作，投入參與創設金門第一所大學之聖神任務，責任告訴我要全心全力以赴，義無反顧地希望它早日長大。

　　同學的立場，總希望取得一張校本部的畢業證書為榮。這本是無可厚非，畢竟校本部的聲譽不是一個人創造出來的，也不是一天造出來的，而是歷經四十年，由數萬名師生努力打造出來的。能擁有這樣金字招牌的畢業證書，誰不羨慕？

　　站在同學的立場，我曾三次以上向校長、教務長反應了同學的心聲，說這話時，我的心和我的口是多麼的衝突。

　　金門分部自創設六年來，正逢國家財政比較拮据的時候。然而，政府排除萬難，多方地優先照顧前線的教育優先區。校本部亦慷慨解囊，出錢出力。此外，金門縣政府更鼎力支持，捐地出錢。在這麼多的叔叔伯伯、姑姑阿姨的扶持栽培下，花了六年的時間，才由無到有地把先天不足、後天失調的金門分部一磚一瓦地創造出來。

　　如今在慶生前夕，從殊多客觀的條件來觀察，無論是校地之爭取、開發和美化，校舍之規劃、施工和啟用，科系研究所之增設和招生，教職員工名額之分配和聘請，圖書儀器設備之採購和裝設使用，在在都不如校本部已經設立三、四十年的老大哥。

　　有同學催我趕快回答，什麼時候才知道能否領用校本部之畢業證

2003年7月30日教育部長黃榮村宣布金門技術學院獨立設校。

書，好讓大家有時間準備轉學或重考。

　　我被問得無言以對，若有肯定的答案，我一定用跑的來告訴大家。最近的一次努力是3月26日，我回校本部，又把此問題向教務長請教。得到的答案是，他也不確定，我們一起來努力看看。

　　各位老師同學們！今天我們看到校本部有如此崇高的學術地位，很受歡迎。這是怎麼來的？是從四十年前第一屆的校友開始，由一屆屆的校友優異之表現累積而成的。所以飲水思源，現在的學弟學妹，受到

社會之肯定，是因為學長之表現才吃了定心丸。有學長之犧牲，為學弟鋪了一條康莊大道，才有學弟妹之平步青雲。

人生本有許多種價值觀，有些是為他人、為團體開創更美好的明天，有些是享受他人犧牲的成果。要扮演何種人，全是自己的抉擇。

再就校本部與金門分部之比較，就相同科系對比，校本部有的，金門分部亦有。在師資方面，在設備方面，在環境校舍方面，許多地方，金門分部反而是

2003年7月30日金門技術學院首任校長李金振（右）布達，教育部長黃榮村（左）頒授聘書。

校本部師生羨慕的對象。今天校本部與分部最大的差別是校友。校本部有60,000名校友，其在社會上之優異表現，使得各界對本校有深刻的印象。學弟學妹畢業後，拿本校之畢業證書，大家看到的是本校畢業生，就有信心。這是前人努力的結果。

馬拉松比賽抵達終點前，
宣布比賽重來

2003.5.23

連續五天來，未寫過一篇校務發展的故事和心得，只因為每天都忙得不可開交，2003年5月19日（週一）忙著預防SARS病毒疫情擴散。5月20日（週二）開了一天的會，旨在討論未來校園整體規劃、未來校舍之先期規劃，以及四埔林場之第二期景觀工程設計。5月21日（週三），召開行政會議、教評會，以及福利社、餐廳協調會。晚上4節課。5月22日（週四），上課後赴金門農工出席適性教育高中職社區化計畫審查會。今天（5月23日）再度召開校園規劃討論會。這樣一週之行程，還不包括學生活動，例如今晚學生活動中心和畢聯會合辦送舊營火晚會。再加上每日之公文及其他公務。

六年來，在公務上所下的功夫，每週至少召開並主持一次以上的會議，一年至少50次，六年合計在300次以上。批公文，每日至少10件，每月200件，一學期1,000件以上，六年合計不下6,000件。每週赴高雄或台北洽公，每年至少飛台灣100趟以上，6年以合計在600趟上下。為了安定老師之教學生活，接洽金門縣政府等單位，借用了仁愛山莊、金門高中英士樓作為老師宿舍，為了在過渡時期能立即招生上課，先後借用國立金門農工職校及金湖國小，以及金湖鎮公所房舍，並搭建11間鐵皮屋。為了擴大科系規模，由4個科增加到8個系，成長四倍，由專科學制躍升為學院。為了開闢校園，興建綜合教學大樓、學生宿舍，以及整地雜項工程、校園綠化、美化工程。為了學校未來之發展用地，增加了四個校區，由14公頃增加到30公頃。為了校園之對外交通，

2010年1月8日本校申請改名大學，教育部訪視委員蒞校實地訪視之一。

一年一度的馬拉松會賽從本校出發。

開闢了二條大學路和一條產業道路。為了安撫地主，日以繼夜與地主協調。為了安撫墓主家屬，受盡委屈地妥協，不厭其煩地溝通協調，並完成遷葬手續。為了校區開發，保安林場之申請砍伐，為了增購充實設備，踏破鐵鞋苦求金門縣政府，爭取了1,100萬元。為了校地之完整，向金防部、金西旅做無數次的簡報和規劃書及計畫書。而一點一滴的遭遇，匯聚成為這本有關金門技術學院校務發展的故事，迄今已達1,460篇。

由於創校如同度蜜月，時間飛逝，不把握，稍縱即逝。六年如一日，每天都上緊發條。終於在今年元月23日獲得宣布獨立為金門技術學院。時間一幌又是四個月。在獲悉金門技術學院奉准獨立設校四個月後的今天（從2003年1月23日至2003年5月23日）早上，校本部會計室詹主任文福來電話指出，台南藝術學院主秘程群豪去電告訴他，教育部正上網公告徵選國立金門技術學院校長候選人，下午校本部周淑華主任也指出，剛收到教育部之公文，教育部通告全國各大學，指國立金門技術學院將於8月1日成立，有關校長候選人，請各校推薦。推薦時間至2003年6月5日截止，郵戳為憑。

如今，我要和許多校長候選人同台應徵，在金門技術學院這件事上，其他候選人尚是空白，而我卻跑了六年。如此一路走來，只剩下倒數67天，突聞要與全國各界推薦之精英公平競爭，猶如我快跑完馬拉松，在抵達終點前突然叫停，現在改與其他選手比賽百米。

校名的英文翻譯

2003.7.3

　　國立金門技術學院的英文翻譯，National Kinmen Institute of Technology，在7月1日第五次部務會議中，曾討論此議題。其中「國立」是否要保留，我表明，私立大學不寫私立，是故意模糊，魚目混珠，俟全國大學都不寫國立或私立時，其目的就達到了。而國立大學不寫國立，有被懷疑是私立之虞。此外，金門的英文翻譯，自明初以來，約600多年，西方人依閩南語發音，將金門翻譯成Quemoy，在文獻、海圖、著作、字典，大多引用此詞。

　　惟近50年來，政府推行國語運動，將金門依北京話翻譯成Kinmen。因此，在行政上簡介，政府單位，近50年來大多用此詞。

　　準此，依學術界、歷史背景、世界文獻、歷史典故，應用Quemoy；若以國語發音，年輕人，政府行政之使用，則大多以Kinmen為主。

　　若以全國之統一語言，各地之通用，而且依現行大家最常使用的發音來直接翻譯，應遵照國語發音，比較一致。

　　而歷史典故，則以研究為主。

　　惟外國文獻對金門之熟識度，則以舊有名詞為主。

　　如何抉擇，依目前在外國人心目中，使用率最高，而且具權威的書刊為主來取捨。

校慶日的決定

2003.7.3

　　本年度金門分部第五次部務會議於2003年7月1日舉行，討論到2003學年度的行事曆時，有關校慶及校運會的日期應在行事曆訂定。此外，由於國立金門技術學院將於2003年8月1日誕生，因此，有關校名、校訓、校徽、校旗、校慶等議題都要儘速來決定。

　　其中校慶，是立即要做成決定的，否則行事曆就無法訂定。一般學校之校慶日，有如中山大學，是依孫中山先生的生日為校慶日；又如成功大學，是依改制奉准之日，是依教育部核准公文之日期。

　　準此，國立金門技術學院之誕生，關鍵性的日期，回顧起

2001年11月18日學生熱烈歡迎陳水扁總統蒞校指導。

金大崛起——燕南啟道　振鐸浯洲（上）

198

金大校長李金振每天將校務發展的故事寫在桌上的筆記本。

　　來，經歷的過程真是漫漫長夜，從2000年的提出，到2001年的訪視，又於同年召開審查會，以及2000年底的行政院張俊雄院長、陳總統來訪，甚至2001年底的行政院召開跨部會協調會，每次都抱定希望，也信心十足，但都一而再，再而三地落空。誠是抬得高，摔得重。真正關鍵性的決定，應是教育部召開技專校院變更審查會。該會若不通過，則後面再高的長官聖旨都是枉然。若該會做成同意之決議，則猶如種子播種到田裡，從此有了生命。雖不一定能事事順利，但只要好好把握，小心地進行，要打消此會議之決議也難。

　　國立金門技術學院最困難的會議是安排在2002年11月4日，由教育部召開的審議委員會。經過委員的充分發言，最後同意。就此決定了本校命運。其後，不到三個月，行政院就發文核准。追本溯源，以十一月四日為本校誕生日最恰當。正好在校本部10月30日後5天，先來後到，長幼有序。

$(a+b)^2$ 大於 a^2+b^2
足證合作能創造價值

2003.7.12

　　數學上有一公式 $(a+b)^2 = a^2+2ab+b^2$ 足見 $(a+b)^2$ 比 a^2+b^2 多了 $2ab$。

　　這個意思是什麼，我的解讀是 a 是一個個體，b 是另一個個體，a^2 表示 a 努力的成果，b^2 表示 b 的成果努力，然而，其成果比 a+b 合作後之努力 $(a+b)^2$ 還小，因為少了合作之後所增加的 $2ab$。

　　這個數學上的公式，給我的啟示是合作可以創造新價值。

　　在行政大樓之空間分配方面，2003年7月4日在討論校本部與

陳水在縣長（右）對李金振校長（左）的請求，時常是要五毛給一塊。

金大校長李金振（左六）與同仁情同手足。

分部切帳時，中午會餐，廖斌毅研發長指出，義守大學的教務處都在同一辦公室，結果工作相互支援，人力節省，效率提高。

暑假期間，全體行政人員自7月11月起至8月29日，週一至週五實施上午全體上班，下午輪休。結果職員的反應是下午都很難輪休，因為一個辦公室只有一位職員。幸好行政主管都自告奮勇地自願下午每天上班。

為了節省人力，下午只要一人輪值即可，不必全體行政主管均耗在辦公室，宜安排每天一人輪值，其餘自由上班。

有組織，才能明確劃分責任歸屬，又可節省人力，並且應在校門或校警將輪值表張貼，以便服務。

有云。1加1等於2，這是在基本的工作量下，各自將職責做好的總和。若要超過職責範圍，個人單打獨鬥，其成長不如集體一起打拼，$(a+b)^2$即可證明。

秋風掃落葉

2003.11.17

今天（2003年11月17日）星期一，早上游泳的感覺還好，游800公尺，洗冷水澡，不會太冷，穿件外套即可禦寒。

只是外面楓樹被風刮起之震動聲，令人想起寒冬的腳步已近。

楓樹、木棉、小葉欖仁等樹種之葉子開始枯黃，逐漸落下，隨風吹起，揚長而去。

為什麼有云秋風掃落葉，因為落葉失去支撐，沒有附著，遇見秋風，沒有抵擋之力。

主持校務亦然，若失去法規之依據，又無法找到奮進之目標，在教學活動和師生之公約無法貫徹紀律，則勢必形成一盤散沙，猶如落葉。

圖中右側是體育館、游泳館之預定地。

踏破鐵鞋尋榕樹

2003.3.30

移植於四埔林場的這株榕樹，係來自民間的捐贈。

　　今天（2003年3月30日）星期日，二技統一入學測驗在本校金門分部舉行。利用上午空檔前往金城中興街74號，傅子貞老師府上，領取3月初向傅老師索取其胞兄傅子昭為「國立金門技術學院」書寫之墨寶。一切如原先之計畫進行，至為滿意。

　　談話間，意外得知傅老師老家有4株百年榕樹，為了整修房舍，為榕樹之枝蔓所苦，打算向縣政府反應協助處理。此話正好是供需之結合，吾為了要綠化校園，四處尋找樹種和捐樹，曾拜託李錫營先生利用台北縣路燈管理處之便，協助物色，又向吳成典立委之岳丈，在台灣中部爭取兩株玉蘭花。如今，台灣之樹種尚未有著落，金門之原生種已在今天有了突破之驚喜。

　　立即約好星期一（3月31日）上午，本分部總務組陳棟燦組長和洪瑛鈞組長安排林務所專業人員去現勘，並先處理斷根，再等一個月後移植。

校舍出借，助人為快樂之本

2003.11.18

　　本校自創校揭牌典禮（2003年7月31日）以來，在金門縣已成為名副其實的最高學府，本人亦於2003年11月3日被選為金門縣各級學校校長聯誼會會長。完整的學校體系已經在金門縣落實，這是金門縣一千多年歷史在教育建設之最高峰。

　　由於本校目前只興建第一棟綜合大樓，自2002年8月1日啟用迄今，才一年四個月，惟空間之使用，仍足足有餘。除五樓改裝為學生宿舍外，各科之普通教室、研究室仍有發展空間。據統計，全校普通教室合計有46間，扣除4間改裝為宿舍及已使用22間，尚剩20間。在研究室方面，全校有80間研究室，未來師資聘滿，將有48位專任教師，還剩下32間。

　　準此，中正國小因教室改建，務必將二年級9個班280多位學生，另尋教室上課時，詢問過金城鄰近之學校如金門高中、金城國中等校，均無法提供足夠的教室。張峰德校長來問我時，我立即滿口答應。其時，我尚未精算過我校之教室，更無法掌握是否集中在一層樓。俟本週一中正國小經問卷調查之後，一面倒地贊成到本校來借用教室。我於本週工作計劃中，將此列為頭條大事，很順利地在星期一上午就解決了。安排在2樓西側5間教室1間辦公室，以及1樓東側4間教室。

　　此外，銘傳大學借用8間教室，另外安排一樓西側1間辦公室和各樓層各科系各提供1間研討室。中山大學則安排一樓西側1間研討室、1間教室。金門縣各學校中，有需要向外借用空間者，全都集中於本校。本校的角色，頓時，由房客搖身一變成為房

2003年，銘傳大學陳德昭院
長（右）向本校借用教室。

2000年9月本校向金門高中借用英士樓作為教師宿舍。

東。

　　回顧本校，在金門分部時代，到處借用教室，從1997年到
2002年，五年期間，曾向金門農工職校借用實習農場的部分校
舍。次年自然增班，乃向金湖國小借用科學館、技教館以及宿
舍。至於老師宿舍，則先後借用縣政府所屬的仁愛山莊和金門高
中英士樓，此外，並曾借用金湖警察所舊館。因此，在借用教室
的問題上，本校的經驗最豐富，體會最深刻。

　　如今，有能力出借教室，象徵著本校已籌備到可以輸出的
程度。除了能滿足金門地區各需求單位之問題外，對本校自己而
言，亦有一種回饋和報恩的感受。有云，施比受更有福，一方面
也突顯施者的條件已強過受者。達到施者的身分，能不喜悅嗎？

協調解決中正國小危樓問題

2003.11.19

　　中正國小之第二排教室已被認定為危樓，限於2003年11月24日前遷出，不許再使用。

　　中正國小於2003年11月17日做好問卷，家長和老師一致贊成讓二年級9班280位學生每天通車到本校上課。為了因應此一需求，本校於星期一立即做好準備，決定將一樓東側電子工程系4間教室和二樓財務金融科6間教室出借。於是立刻做安全、黑板、撞球桌之拆遷等準備工作。

　　今天（2003年11月19日）下午4點30分於本校舉行協調會，讓各科系師生都有心理準備。與會人員重要發言如下：

　　一、小學生之安全問題應考慮。

　　二、建議隔離走廊及樓梯。

　　三、建議中正國小改在寒暑假上課。

　　四、本校不宜以空間回饋金門。過去在湖小被小學生吵怕了。

　　五、小學生需要照顧，本校學生更需照顧。

　　六、運動管理系不動，其他各系如何搬遷，請多為他們設想。

　　七、小學生來本校上課，身心將受到壓抑。

　　八、把條件再向上調，讓中正國小知難而退。

　　九、財務金融科二年級搬到後棟，離辦公室太遠。

　　大家都不喜歡被干擾，而且也不太歡迎。總覺得多一事不如少一事。吾又犯了主席以不發言為原則的毛病，再度忍不住發言，容易被看出自己的主張。而此主張若通過，則被視為獨裁，若不通過則被評為無能。

幾個轉捩點，輕舟已過萬重山

2003.12.10

　　本校自民國2003年8月1日由「國立高雄應用科技大學金門分部」獨立為「國立金門技術學院」以來，轉瞬間已過了一季，在規劃未來發展之願景的同時，容我簡單回顧幾項過去六年的演進事蹟，或可籍以參考。

一、擺脫《專科部》的框框

　　1997年8月1日本校誕生時，全銜是「國立高雄科學技術學院附設專科部金門分部」。從這個名稱可以清楚地看出本校當初之定位，雖然校本部正好在同年由專科學校改制為技術學院，然而金門分部並未同時調整，我們這個附設單位，仍停滯在「專科部」的階段。為了擺脫專科時代，乃利用訂定金門分部設置辦法時，將「專科部」刪除，經校務會議通過，並報請教育部核准，始正式脫離專科部的束縛。此刻，至少在名稱上直屬校本部，表面上與校本部立於同一層級。

二、由二專擴充到二技進修部

　　雖然在校名已擺脫了「專科部」的框框，然而，在科系層級上，仍停留在二專的程度。彼時，校本部在改制後，紛紛將過去的五專和二專，依總量管制的原則，整併為四技。而金門分部卻由於科系和班級數太少，沒有條件合併成四技。幾經申請增設四技，結果只核准增設二個二專。看來教育部仍將金門分部定位在專科階段。爭取二技或四技日間部不成功，乃轉而申請夜間部。

可是沒有日間部，怎麼反倒先設夜間部，這是不通的。於是乃申請校本部之相關科系到金門設分班，所持理由是國立中山大學在金門未設分部卻設有研究所學分班，何況校本部在金門設有分部，更有條件在金門設分班。這樣的邏輯似乎也說得通。於是就去做，未料竟然意外的獲准。於1999學年度增設企業管理系和觀光管理系二技進修部，為了證實這二個系是校本部的系，系主任由校本部相關科系系主任兼任。從此，本校開始有了學士班的層級。從實質上真正躋身學院的領域。

二、由二專擴充到四技

2000年，雖然在進修部增設觀光管理系和企業管理系等兩個二技在職班，屬於夜間部，而日間部尚缺乏任何可授予學士學位的系，仍停留在專科的階段。

2002年，教育部在審查增設科系和班級時，徵詢本校在原有的二專挑二個科增加為雙班，或增設二個新的四技。我們毫不猶豫地選擇二個四技。理由除了四技可以持續4年增加教師員額，比二專只維持二年，多一倍外，同時，可以提升本校進入學院的領域。是年增設的四技就是運動管理系和應用外語系。2003年，再增設電子工程系。同時，將工商管理科和財務金融科合併成企業管理系。

四、擺脫二專的時代

自2003學年度起，教育部的政策採總量管制，對於各校之科系和班級，在不增加教師員額下，允許一定額度內，自由調整班級數和學生人數。而此刻，本校二專尚有食品工程科、營建管理科、觀光事業科、資訊管理科等4科，為了提升科系之競爭力，在不增加教師員額的前提下，商請配有員額的運動管理系和應用外語系之同意，除支援電子工程系之全數員額外，並補足二專提升到四技所需要的員額。決定於2004學年度起，將全校所有二專一律改制為四技。二專在本校歷經7個學年，完成了階段性的任務，從此成為歷史名詞。

五、先招生再創校

一般學校之創設過程，大多先成立籌備處，進行各項籌備工作，俟各項設校條件成熟後再進行招生。

是不是到本校服務的同仁都是前輩子虧欠本校，如今要來償還。論能力，論貢獻，論成就，他們都是有機會找到更好的職位，以他們的表現，絕對到處受熱愛與歡迎，好多次耳聞他們受不了要想另謀發展，但最後都不忍拋下本校而繼續留下來。是不是本校有特異之魅力，能叫全體同仁甘心不眠不休地整天想到學校的工作，朝思暮想，就揮不去工作的影子。

我想大家前輩子都沒有虧欠本校，本校也不具任何魅力，而

是大家既然把本校創造出來的，就不忍丟下不管。

　　本校未設籌備處，在分部的頭一年就立即招生，起初幾個月全校只有12位老師，向國立金門農工借用其實習農場，校舍和校園正在整修中，辦公室的傢俱和教室的課桌椅，是上班後再採購的，我們臨時上班的地點是在金門農工的報紙儲藏室，與廠商訂貨是利用金門農工校園的公用電話聯絡，同仁從校本部提了一箱文具，成為本校第一批財產，從校本部圖書館要來的教科書和參考書，成為本校的第一批教材。學生的報到，是利用金門農工校長室外面的走廊。教室裡課桌椅是在上課前一天才組裝好的。向金門縣政府借用的仁愛山莊作為老師宿舍和實習旅館，於開學之初才清洗完畢。全校職員商調手續尚未完成，臨時工友尚未聘

李金振校長（左）強調「金門技術學院大功告成之日，就是金門大學開始籌備之時。」因此，校務發展猶如與時間賽跑。

用，12位教師包辦了全校的全部業務。黃校長看到這般情景，乃題了一首詩：「人少事多責任重，教精學博奮力衝，拓荒精神展雄才，化雨春風盡此中」。

　　獨立設校之前，六年艱鉅之籌備工作，卻未設立籌備處。獨立設校後，由原來分部7位職員繼續肩負一所完整獨立學院之全部校務，卻未核准增添任何員額。上週崔春華小姐看到她一手調教出來的社團領袖為社團評比而忙到深夜時，她感動得熱淚盈框。黃惠菊小姐隻身扛起獨立設校所分出來的本校全部會計業務，因為千頭萬緒的月報表、編概算、編預算、核決算，全由一人挑起。有一天，由於回報教育部資料的時限分秒逼近，而帳上的數字又對不上來，急得心慌意亂，一時控制不住滿腔的壓力而滄然淚下。日前，得知教育部公佈全國53所校務基金大專校院，在編列2004年度概算作業中，有27所學校有瑕疵，而本校榮獲零缺點，為校增光。李愛治小姐、莊淑敏小姐，她們對全校23個班級的註冊和課務工作，其業務量之大，實難以想像。在繁重的經常性業務外，又加上每年近十項招生的業務。當我看到李愛治小姐在招生考試前每天列了數十件要辦的事，逐項點閱，如數家珍，猶如活字典，令人又珍惜又怕她受傷害。葉麗珠小姐身兼圖書室和人事室多重業務工作，又細心又堅守法規和原則，其不畏得罪人的精神，令人尊敬。本學期以來，下班後還看到她留在辦公室，因為工作做不完，為了不影響其家庭生活，我務必趕她早點下班。總務處的3位組員，每人都身兼數職。陳昆橋先生獨立

肩負起出納組和文書組的全部業務，李明煒先生亦獨立肩負起事務組和保管組的全部業務，他們默默地耕耘，未曾抱怨過。洪瑛鈞先生是我從金門縣政府工務局擔任課長聘請過來的，職位由技正降為技士。同時，因到校未滿一年不得兼任組長，考上博士又不得馬上去念，這樣的不平等待遇，他卻負起全校1億2,000多萬元的工程執行任務。大小事情找他，他都清楚而有方法。全體同仁，不分教師、職員、工友，都在全心全力投入工作，即便是臨時人員亦不例外，例如：於本校創辦初年就到校服務的，李瑾珊小姐先後負責圖書室和秘書室的繁重業務，其對工作之熱愛，對本校之認同與投入，實不亞於編制內的人員。李本先生，其職責本來是專職的校車司機，後來又負責全校之收發室，並沒有因工作量增加而加薪。兩位清潔人員魏女士和洪女士，其工作範圍，由實習農場增加到金湖國小，其清掃校舍面積，亦由1,000多平方公尺增加到2,000多平方公尺。如今，綜合教學大樓之樓地板面積是26,000平方公尺，而清潔工作仍只有她們兩位。此外，還得抽空打掃教師宿舍英士樓。

六、先興建校舍再整理校園

籌備創校的第一份工作，就是在從金門縣政府無償撥用四埔林場14公頃的縣有土地後，前兩年忙著進行鑑界、環評、都市計畫變更等程序。彼時，整個校園埋在叢林中間，找不到路進去，勉強穿越重重障礙，擠進四埔林場，又找不到路出來，從環島西

路進去，出來時竟然在環島北路。

在這片荒蕪的林場，如何興建大學殿堂，教育部並不是把工程預算準備好了，等著你來發包。而是依照程序，先提出構想書送審，再爭取規劃設計費，最後再爭取年度預算，與全國各大學排隊等候。

本校綜合教學大樓之興建，其規劃設計費是在1999年，林清江部長想瞭解本校現況，約好下班後在教育部聽取本校簡報，黃校長急忙帶著我從高雄飛往台北，林部長得知本校已成立二年，竟然還沒有興建任何校舍後，10分鐘之內斷然決定先核准規劃設計費。而工程費在年底編2000年度概算時，林清江部長有一天臨時決定到金門來，黃校長兼程自高雄趕到金門，在部長座車上向

李金振校長任內撰寫了35本3400篇筆記，詳載校務發展的來龍去脈。

林部長報告本大樓興建之急迫性。林部長在全縣中、小學校長的會議上當場宣佈同意准予興建，是日返回教育部主持年度概算分配會議時，立即將本大樓之工程費由額度外提到額度內，本大樓於2000年動工就此確定。

興建綜合教學大樓經費之爭取已有著落，而校園整地雜項工程之經費卻一籌莫展。依正常程序，應該於完成整地雜項工程之後，再進行建築物之興建。準此，我們綜合教學大樓應該延後興建，時間最快在2002年以後才能動工。2004年才完工。為因應本校科系規模與師生人數之快速成長，權宜措施，不得已只好配合工程經費之核發，即那一項工程費先通過就先動工。

綜合教學大樓施工接近完工階段，教育部長由楊朝祥接任，楊部長聽進去了本校請求，在大樓完工前，進行整地雜項工程之發包與施作。於2002年同時完工啟用。

繼第一棟校舍完工之前，本校立即著手進行學生宿舍之興建，於2001年年底，向教育部申請到年度節餘補助款，先進行規劃設計。2002年4月間，范政次巽綠蒞校視察後，知悉本校台籍學生住宿之需求，將規劃設計書帶回教育部，同年核發工程費1億元，於年底動工。事情又是這麼巧合，當學生宿舍動工之後，2002年，本校又爭取到4,000萬元的綠化、美化校園景觀工程，兩項工程幾乎平行施作，將於2004年同時完工。

七、先有校園再有聯外道路

當綜合教學大樓與校園整地雜項工程於2002年同時完工之後，聯外道路卻尚未施工，這條聯外道路原為產業道路，後來成為施工便道。依縣政府都市計畫之決議，已規劃為15米的計畫道路，惟2002年初施工期間，遭受地主和有主墳墓家屬之抗爭。工程至7月大學聯考指定科目考試尚未完成。考生家長及金門高中師長相當憂心。為了方便考生之進出校園，特別商請金門縣政府建設局，將車船管理處停車場西側的產業道路延伸到校園。再說聯外道路於協調地主等相關人員，完成私有地協議價購後，始將工程順利完成，並向金寧鄉戶政事務所申請為大學路。

八、由大學到學院

本校於1997年創設之初，全銜是《國立高雄科學技術學院附設專科部金門分部》，在刪除「專科部」之後，金門分部乃直屬校本部，隨校本部於2000年改制為《國立高雄應用科技大學金門分部》。

2003年，本校奉准獨立為《國立金門技術學院》，就金門縣之教育建設而言，能爭取到全國第53所國立大專校院，是項歷史創舉。惟對學生而言，六年來有五屆的畢業生，其畢業證書一直與校本部相同，尤其近三年金門分部的畢業生更以領到《國立高雄應用科技大學》的畢業證書為榮。突然於2003年金門分部獨

立設校，於2004年6月畢業的同學，必須領取《國立金門技術學院》之畢業證書。由大學降格為學院，令一般同學很難接受。校方亦充分瞭解學生的想法，向校本部詳細溝通請示之後，所獲得的答案是依學位授予法之規定，畢業生修業期滿，始發予畢業證書，由畢業時之學校頒發。因此，沒有法源可以由校本部頒發畢業證書。

惟2002學年入學的學生，其招生簡章是《國立高雄應用科技大學金門分部》，視同為合約書，其畢業證書理應領取招生簡章相同之校名。校方瞭解同學之用心，所能努力者，只能在「國立金門技術學院」旁註明「原國立高雄應用科技大學金門分部」。不知這樣的補救能讓同學滿意否。

九、爭取建設自討苦吃

本校2003年度之公務預算，合計新台幣約6,000萬元，以現有的科系規模和師生人數，全校7位職員，其執行預算之負擔，平均每人每年要執行1,000萬元，工作之壓力，已經比一般大學大得多。

此外，本校同仁之工作壓力尚不僅以上之公務預算，以2003年度為例，本校興建學生宿舍工程費達6,600萬元，景觀工程總工程費達4,900萬元。金門縣政府建校基金補助1,100萬元，以上合計1億2,600萬元，相當於年度公務預算的兩倍。

現在年關將近，到12月底，各項工程之執行進度若達不到百

分之90，校長及相關承辦人員將接受懲處。

　　最近兩三個月來，隨時都把注意力集中在工程之施工進度，同時，又深怕因趕工而影響到工程品質，日子一天天過去，每週召開工程協調會，在橫向方面有學生宿舍之土木工程、水電工程、景觀工程第一標、景觀工程第二標。在縱向方面，對上要向教育部負責，對下要監督本校總務處、建築師、承包廠商等三級品管。

　　眼看執行進度勢必低於百分之90，在進度與品質之考量下，寧可接受懲處，也要守住工程品質。下班後，獨自離開校園之前，仍不免回首望望施工中的校園，心想若不去努力爭取建設經費，教育部該不會主動把工程費送過來。而本校同仁亦不必承受三倍的工作負擔。也許這就是責任感使然，擔任公職，就要有任勞、任怨、任謗的心理準備，否則大可不必走這條路。

十、人人為我，我為人人

　　金門技術學院憑什麼創設，六年前，我們12位先鋒首先抵達金門報到時，校地在那裡？沒人找得到，校舍在那裡？尚未規劃設計，更遑論工程費，設備在那裡？尚未採購。科系之規模和增設，全是不可知的未來，我們所憑藉者是什麼？就是各界的援手如排山倒海而來，國立金門農工提供其實習農場、縣立金湖國小提供其科學館、技教館、學生宿舍、金門高中提供英士樓、金湖鎮公所提供警察所舊館、金門縣政府提供仁愛山莊。尤其在建校

之工程上，金門縣政府提供了完整的校地及連外道路，同時並附加每年1,000萬元的補助金，金門各界提供榕樹、設備，可謂有錢出錢，有力出力，誰都不願做歷史的缺席者。就這樣眾志成城所形成的條件，補足了中央政府在財政困難下鼓勵在金門發展高等教育的缺口。尤其，國立高雄應用科技大學全體師生和全體校友，對本校毫不保留的付出，我們想，黃廣志校長、林仁益校長等校本部的同仁，他們都不是金門人，卻為了本校之發展，如拚命三郎，他們為金門所做的每一件貢獻，都是功德。我們是金門人，為金門所做的努力是應該的，這是天職。

因此，本校之誕生，是中央政府與地方政府共同投資、是金門各界與高雄應用科技大學的集體創作。所以我說本校的命好，打從一出生，就吸引了各地金門人和金門友人之關愛。他們喜孜孜地疼惜本校，卻不求任何回報。

自本學年起，正好也是本校奉准獨立設校之首年，金門縣最大的國民小學中正國小，因一棟校舍被鑑定為危樓而限期封樓，致部分學生無教室可上課，若不是全金城鎮的機關都找不到適當的校舍，絕不敢找上本校。金門縣政府對本校之創設可謂恩重如山，然而並不居功，其縣屬的國小有困難時，仍是先從其他地方先尋找，在實在找不到地方時，才找到本校。對於金門縣政府，我們是又敬佩又感激，能為金門縣政府做一點事，真是我們的光榮。然而，若因此而造成某種程度的干擾，尚望本校師生體諒，若不是真有困難，沒有人願意離開自己的學校，每天搭公車到本

銘傳大學金門分部落成啟用，校長李銓（右三）親臨主持。

校來上課。

　　此外，銘傳大學和中山大學亦於本學年度起，利用週末和週日借用本校教室上課，他們也是遇到困難才來找我們協助的，銘傳大學原來借用國家公園管轄的金水國小教室上課，如今金門國家公園另有他用，銘傳大學才不得不另尋校舍。至於中山大學，原來借用文化中心和金城國中，亦希望在不影響本校的前提下，來借用一小部分空間。這兩所大學都很客氣，很希望能協助本校發展研究所，同時亦歡迎本校畢業生報考其研究所。

　　有云：「天助自助」，別人為什麼要幫我們，是因為看得起我們，覺得本校值得大家來共襄盛舉，為金門的大學教育奠定永續發展的根基。而我們能幫助別人，證明我們有能力，才能對別人做出貢獻。難怪先賢會說：「助人為快樂之本」。

大膽擔大擔

2003.2.13

　　2004年2月13日全國大學校長會議在華梵大學舉行。據馬遜校長表示，這是她努力很久，終於如願以償。而今年正好輪到私立大學校長協會主辦，而馬校長亦任滿九年，即將於退職前能有幸辦這項活動。

　　據晚餐同桌的傅勝利校長指出，明年將輪到國立大學校長協會主辦。本校具有資格承辦，經由同桌各位校長之贊同，吾乃鼓起勇氣，主動走向主桌，向新當選的公立大學校長協會提議。鄭校長表示可列入考慮，餐會後，黃部長亦提起。在大家期待下，這項活動應該可成。

　　這項活動預定時間在2005年2月中旬，屆時，將是金門首次有100多位大學校長會師金門。

　　本校籌備六年，奉准獨立設校迄今近七個月，基礎尚淺，體質薄弱，欲在大學殿堂立一席之地，躋進著名大學之林，尚言之過早。是故，不斷地追求發展是校務的方向，一方面求內部組織之健全與運作，並穩定成長；一方面要借重國內和國際之學術資源，增進學術交流與學術合作。期本校成為各著名大學在金門島之共同基地。期各著名大學之人才皆能在金門發揚光大。

　　選擇本校之地利優勢，即台灣進入大陸之門戶，在大陸沿海的唯一不同體制的高等學府，依本身之優勢儘量發揮，則本校之發展將不可限量。

2007年8月綜合大樓西側多功能健康活動中心預定地。

互助合作是進步的原則

2003.2.23

　　孫中山先生對進化論提出：物種以競爭為原則，人類則以互助為原則。

　　互助並非盲目地強者扶助弱者，富者救濟貧者，假若如此是理所當然，則弱者、貧者豈不成了宇宙中的坐享其成者。

　　互助是指每個角色皆各得其所，盡一己之力，所謂天生我材必有用，各盡其才。

　　本校位於金門離島，在學術界，創設初期基礎尚淺，如何快速成長，有賴與各界互助合作。

2008年7月8日與成大校長賴明詔（左）簽訂策略聯盟共同宣言。

一、與金門各界合作：包括縣政府各局、高中、高職、各級學校（如銘傳大學、中山大學、中正國小等）、台電、自來水、金酒公司、台銀、金防部、金西旅、金門縣議會、地主、墳墓家屬、自助餐、合作社、公車等。

　　二、與台灣學術界合作：2004年1月20日吾專訪台大慶齡中心陳主任，商談合辦EMBA事宜。此外，成大、中央、高應科大、高海大等校均有合作意願。下屆大學校長會議，可望在金門舉行。

　　三、與國際學術界合作：例如2003年8月與美國西佛羅里達大學（UWF）簽訂姐妹學校，2004年暑假將有本校30餘位外語系學生赴美UWF修學分。此外，2003年2月已有二位美籍高中生來本校留學。

　　四、與大陸學術界合作：本校與大陸廈門大學近在咫尺，可經由兩校合作，增進自己的不足，未來不排除簽訂姐妹學校，並合作開辦EMBA。

　　競爭是刺激進步之動機，但達到進步，卻是經由互助合作，專業分工而成，本校之發展正軌，正是在此。

泳冠大專校長，一舉摘金

2003.3.6

　　九十三年度全國大專運動會於2004年3月5日在台中市國立台灣體育學院舉行開幕典禮。全國160多所大專院校校長應邀參加，由大會會長教育部黃榮村部長親臨主持，陳水扁總統亦親自以貴賓的身份參加。

　　2004年3月5日下午1時15分，自金門飛往台中水湳機場，這趟飛行有特殊意義，這是台中水湳機場的最後一日航班，以後將移至清泉崗機場。

2004年3月6日李金振（中）參加全國大專運動會校長50公尺游泳比賽。

2004年3月6日上午8時，我參加校長50公尺游泳比賽，清晨6時30分起床，文王飯店備早餐，我依習慣，游泳前不進食，7時50分趕到市立游泳池，報到後，準備比賽；選手包括多位體育學院校長和體育系教授，包括林仁益校長、高雄空大莊其銘校長及高應科大體育老師現任職於奇美專校學務長代理校長，合計15位，實際報到者有8位，正好8個水道。我安排在第6水道。

　　下水前，試試水溫，還好，約15、16度，比金門13度還暖和，對我來講，水溫不是問題。比賽一開始，我不清楚其他選手之實力，所以拚命向前游，大約20公尺，我已超前，大會廣播目前領先者是第6水道金門技術學院李金振校長，我想我有可能奪魁，抵達終點，左右望一望，均落後至少5至10公尺，很光榮地獲得金牌。

　　這是我有生以來，參加運動比賽榮獲第一名，即便是校長級，但畢竟是全國性的比賽，老實說，在一般比賽是不可能獲金牌，正因為校長身份，才有機會參加首長級比賽，這樣的成績很不一樣的感受。

遷葬建碑，告慰先靈

2004.3.14

　　1997年，本校的前身國立高雄科學技術學院金門分部創設，金門縣政府為這所將來獨立成一所專科學校或學院準備了一塊縣有地，即四埔林場，面積約14公頃。

　　這塊土地座落於金寧鄉與金城鎮邊界上，過去曾是古寧頭通往金城市區必經的不毛之地，因為有條雨水沖刷的河道，河道上游已接近金城，河道下游經過安歧。是故，這條便道，為方便行人休息，還有一間路亭。長輩很少不知道的。四埔林場還曾是日據時代的機場預定地，取其春天霧少，不影響飛機起降。金門東半部常受海霧之苦，而此地位於金門西半部。

　　話說此地雖為機場預定地，後來機場也沒建成，倒是1949年國軍退守金門，在此地駐紮重兵，包括裝甲兵和砲兵。因此，營區內有防空壕、砲陣地、靶場等。

　　此地土質堅硬，地形地貌是溝渠式的丘埭，因此，埔邊、埔后等四埔村民祖先，許多安葬於此，自然形成一座墓園。

　　後來國軍撤離，金門縣環保局還曾經將此地權充垃圾掩埋場。本校興建籃球場時，就挖到陳年垃圾遺跡。1999年賀伯颱風來襲，金門縣木麻黃傾倒殆盡，樹幹殘骸也是一卡車一卡車地運到這裡丟棄。

　　以上這些背景，說明本校校園之演變過程，物換星移，都未曾在歷史上留下痕跡，有一件事卻是例外，它勢必在歷史上記上一筆，那就是歷代埋葬於此的列祖列宗，在整地和興建綜合教學大樓時，陸續挖出，與埔后村之家屬洽商多次，達成的共識就是

2006年感恩亭紀念四埔林場有主無主墳墓的遷葬，
以提供本校建校之校地。

先進金門縣政府之靈骨塔，另在校園築一座感恩亭和紀念碑，以感謝他們對金門第一所大學之讓地作出貢獻。

　　碑文內容，草擬如下：

> 1997年，金門縣政府為了鼓勵第一所大學之創設，將四埔林場14公頃縣有地提供予國立高雄應用科技大學金門分部，作為未來獨立設校之發展用地。此一決定，對金門縣第一所大學之創設，固然找到了建校所在地，然而，對於過去曾經埋葬於此的先民而言，著實是難以兩全其美。創辦大學，是金門1000多年來的第一所最高學府，是千載難逢的機會。另方面，慎終追遠，亦是為人子孫之天職，在兩難之際，大家同意以興建大學，培育後進為重。
>
> 為了感謝先民捐出墓地，使金門第一所大學之校地得有著落，特立此碑，以資紀念。
>
> 捐地者：………
>
> 　　　　　　　　　　中華民國九十三年三月十四日

難道地方政府負責出錢，
中央政府負責記過
——為同仁無辜受懲處請命

2003.4.20

　　行政院人事行政局命令教育部人事處，針對本校未依規定進用百分之2的身心障礙人士為教職員工（含臨時工），已決定先懲處周淑華和張正林等前後任人事主任，再另懲處校長。

　　2004年4月20日上午8時30分，吾抵達教育部人事處，首先向朱楠賢處長表示本懲處之不合理，然後求見人事行政局李逸洋局長不成，於下午2時30分，在松山機場候機時，接到李逸洋局長電話，再度向李局長表達此事件之不合理。

　　一、2003年8月1日前，本校是高應科大的金門分部，是校內的一個單位，以全校整體為單位，高應科大已達百分之2的標準，金門分部也屬校內一體，毋需單獨計算。

　　二、2003年8月1日後，行政院和教育部均未另核撥員額，本校無法進用身心障礙人士，也無法來貫徹此政策。

　　三、在職員不足下，中央無法滿足增加員額的需求，校務推動刻不容緩，在走投無路下，向地方政府求救，爭取補助款100萬元，請了10位臨工，每月1萬8000元，到2003年12月止。不料此一救濟措施，卻成了中央政府懲處本校的把柄。

　　四、事實上，本校自2003年8月1日以來，用人仍以身心障礙者優先，以廣告為證，但結果無人應徵，與金門離島往返不便有關。

　　五、假如本校怕被處分，不去爭取奧援，任其向下沉淪，則大家都平安，今努力去設法，反而被處分。

校園綠化，林務局補助二百萬元

2004.5.12

　　2004.5.11台灣省林務局顏局長仁德偕陳組長及學者專家一行多人來金訪問。中午，建設局葉課長通知到湖南高地會面，不遇，再往下一站，在古寧濕地見面，對本校校園之綠化工作，表示支持之意。

　　中午，在金瑞飯店用餐，晚上在浦邊海產店用餐，我都全程奉陪。餐後，陳組長要我補一張平面圖及所需之樹種，以便由林務局發包。由本校督促種植，陳組長表示，這樣做比採補助款可行。

　　2004.5.12，本校遠距教學設備啟用典禮。上午8時，先把昨晚趕夜車所完成的資料交秘書室兩位小姐打字，隨即請李清瑞主任帶到縣政府縣長室給陳組長。

　　下午，林務所黃課長來電，表示林務局已答應補助二百萬元，並將原先提供的計畫書修正後，於2004.5.13快捷寄出。

　　本校校園，自1997年，為了四埔林場鑑界，曾砍伐西側一條長約二百公尺的走廊，後來2000年綜合教學大樓動土後，陸續將整個四埔林場之保安林場的全部林木砍伐到只剩下一株樟樹。整個校園猶如不毛之地。2002年啟用新校區，四周的空地仍是一片黃土，黃沙滾滾，誠是當時的寫照。從中央公路撿了一些林務所淘汰的倒吊蓮，種植在道路旁，又從林務所申請一些光臘樹、杜鵑花，又發包種狗芽根、台北草等草坪，以上努力，只見杜鵑花和台北草收效。

　　今年是植樹最多的一年，從2004.3.12以來，迄今已種了三仟五百株，如今又加上二百萬元，真是錦上添花。

父親遺墨，成為光榮標章

2004.10.2

校長 李金振

金門大學校長李金振的
父親李水院先生遺像。

1962年，先父在金門衛生院住院期間，有一天，看病情久未好轉，自知不樂觀，乃失望地對我說，「你沒有福氣，我的病大概不會好，將來未能供應你繼續念書」這句話牢牢地深鎖在我的心靈。先父於同年過世時，最不放心的是孩子的教育，依彼時，父親過世，孩子輟學返鄉種田，這是一般的規矩。

經過四十二年後，我在沒有父親照顧下，自己半工半讀。期間受了很多委屈，也承受很多打擊，吃的苦和受的折磨，身心的壓力，非外人所能想像。

1997年，我回來了，經過六年的努力，我咬緊牙關，忍受一切的冷嘲熱諷，告訴自己，我的目標是創設金門第一所大學，我一定要忍耐，不要被小石頭絆倒。

2003年，本校獨立設校，校名掛牌和佈達同時舉行，我擔任本校首任校長，

這一年來，我找到先父的墨寶，從其中找到「李金振」三個字。乃以先父的墨寶做為校長之簽名章，隨著本校之發文，及本校畢業證書、獎狀，均有先父的筆跡；先父地下有知，他也許未料到他的兒子在他過世時繼續把小學讀完，並完成博士學位，升為教授，如今，又擔任國立大學校長。

我有此成就，要歸功於先父的遺訓和以身作則。

改變招生策略，捏把冷汗

2004.8.31

　　九十三學年度，本校首次參加四技二專統一入學測驗聯合登記分發。過去單獨招生，如今，參加聯合登記分發，沒有備取，報到幾成就是幾成。

　　根據資料顯示，本校今年聯合登記分發的報到率不到七成，我問過台南附近的學校，嘉藥有九成以上，連南榮也有八成，高雄餐旅，四技百分之一百，二專也有七成。

　　從以上的資料看來，本校的招生成績是慘不忍睹，不僅連私立技術學院都不如，甚至還不及二專的科系。這樣的危機，迄今還沒有那一位行政主管主動提出來檢討，或反省過。

　　首次參加聯合登記分發，得到這樣的成績，我至為憂心。無時無刻不想到這次打擊。

　　往者已矣，來者可追，可分兩方面來著手：

　　一、是對於未報到的一百二十位缺額，如何填補，從另一個角度，反而是本校的另一個籌碼，也是提供金門華僑，台商子弟，甚至大陸學生的一個機會。

　　二、未來要如何提升報到率，方法很多，我想最大的問題是學生和其家長對金門不了解，解決之道，就是請他們來一趟

　　如今，要四百位錄取的考生於錄取後，免費到本校一趟，需經費一百二十萬元，縣府補助六十萬元。不足六十萬元，可再設法補足，吾人不相信考生看到本校還會自願放棄。

員額爭取，人算不如天算

2004.10.7

　　本校從分部時代就沒有工友、技工員額之編制。校園之清潔，以臨工代勞，共聘請二位清潔員，一位司機，和一位以工代職。這四位臨時人員，比較固定，其他守衛、監工、檢測，均因專案而存在。

　　八年來，校園由小而大，但臨工人數不變。

　　這兩年來，正逢有位請託人拜託王金平院長協助向教育部爭取工友職缺，以便安排自己人。於是要求將人選與爭取員額以綁在一起的方式報部。我明白告知，這樣不合法定程序。務必先爭取員額後，才能公開公平甄選人才。

　　如何爭取工友員額，其程序是：我先發函給教育部，並將申

2013年3月6日教育部吳清基部長（左）蒞校演講。

請員額人數，藉此機會多報幾位，準備由上級來刪。因此，獅子大開口提報了技工兩名、工友三名。然後，將公文副本傳真給王金平院長。王院長收到公文傳真後，將之視為本校之正式陳情公文，立即發函向教育部及人事行政局爭取，同時，教育部亦轉達王院長之信函給人事行政局，人事行政局人力發展處收到王院長及教育部的公文後，乃向本校徵詢相關資料，並依本校之需求員額上簽。

2004.10.6本校正式收到教育部公文，同意核撥本校技工兩名、工友三名，其前提務必依行政院先前的政策，技工、工友遇缺不補，只能由其他單位轉任。

在全國各機關已停止核發工友員額下，本校之工友員額之爭取，就是在被視為不可能的環境中達成的。

立法院院長王金平（右）蒞臨金門大學指導。

下南洋會金僑，為募款費心神

2004.12.17

一、倉促決定2004年12月13日出航

　　這次東南亞訪問，決定得很倉促，有幾個因素影響本次決定，一是內子病重不敢遠行，所以才拖到年底。二是金門縣慶祝九十周年，許多僑領華僑要回來，我要提前與他們研商建校計畫。三是評鑑工作於12月3日才結束，在此之前，無暇出國。四是九十三年度預算編列出國考察的經費，尚未執行。基於以上之理由乃於12月7日召集行政單位一級主管，邀請大家同行，決定於12月13日出發，立即收集護照、身分證影本、照片2張，委請旅行社辦理出國手續及相關行程，同時，請秘書及江柏煒根據我提供的名片聯絡拜訪對象。

2004年12月17日李金振校長（右四）率本校一級行政主管赴東南亞做學術交流暨訪問拜會新加坡僑領黃祖耀（右三）。

二、出征與心情

12月12日晚，先赴台北等候，出發前，內子舊病復發，腹水腫到壓迫胃、肺，很難過，加上胃病尚未痊癒，這種情形，要不是已經答應並約好各地金門會館及僑領，我很難離得開內子的視線。

猶如3月21日一樣，當時亦是為了要隨李炷烽縣長赴東南亞拜訪金門會館，內子的腹水已腫脹不舒服，我勉強離開，心中之掛念有增無減，沿途忐忑不安。12月13日上午5時，翁宗賢來福華文教會館接我，6時抵達中正機場，7時起飛經香港轉吉隆坡，途中大家精神抖擻，好不欣喜。我心中盤算，這是金門技術學院創校以來的第一次募款之旅，以往因為在高應科大之下，金門分部的身份不明朗，如今，已當家作主，可全速推動校務發展。

三、拜訪吧生

吧生是吉隆坡的外港，也是馬來西亞的最大港口，人口逾一百萬，是金門人聚集最多的城市。金門會館頗具規模，原有浯江會社，該社現在仍在，以交誼為主。今日的會館擁有一棟大樓，樓下出租，會館在四樓，會員近兩千人，金門華僑逾兩萬人。主席王豪傑為人慷慨，教子有方，其子是留美博士，成為全體金門人團結和協的重心。吧生的經濟並不富裕，但謀生並不困難。

馬來西亞政府百般偏袒馬來人，想盡辦法壓制華人，尤其華語教育，倍受打壓，但華人愈挫愈勇，在惡劣環境下，仍創辦了二千多所小學和六十所獨中，可敬可憐。吧生金門會館之組織最健全，管理最有制度，幹部個個都肯為會館做點事，可為其他會館之榜樣。

四、拜訪浮羅吉胆島

　　2004年12月14日上午用完早餐後，驅車到吧生碼頭，搭小船（可乘七十人）到浮羅吉胆島，航程30分鐘，沿途兩旁，遍布列島，均低於海平面，長滿紅木林，僅退潮時，才看得見陸地，海浪平靜無波，適於養殖。抵達浮島，木板鋪的陸橋，是全島的交通主幹。我們參觀了華人創辦的中小學，也參訪金門會館，看到年假期間有位老師在會館裡教導四、五位小學生書寫學習漢字。會長黃清河，與朋友合夥創辦交通船，並率鄉親在華語學校打造一座人工公園，該公園是全島最高峯，海拔高達兩公尺。中午，黃會長請我們吃最好最新鮮的海產。回到吉隆坡，碰到沿路塞車，這是吉隆坡的常態。

五、第二次拜訪丹斯里拿督斯里楊忠禮博士

　　第一次見到楊忠禮博士是在今年三月底，與李炷烽縣長一起去的，獲得他的口頭承諾，表示他會捐款協助本校興學。

　　這次行前，曾先拜訪其堂弟金門縣副縣長楊忠全，先請教其

2004年12月14日 李金振校長（左二）率本校一級行政主管赴東南亞做
學術交流暨訪問拜會大馬僑領楊忠禮丹斯里拿督斯里（右三）。

2005年4月4日大馬僑領楊忠禮、陳開蓉賢伉儷（左二、三）於世界金門
日捐贈本校發展基金新台幣2000萬元，縣長李炷烽見證。

堂兄之習慣，我們如何表達。

　　馳進吉隆坡，沿路塞車，寸步難行，預約下午3時見面，我們2時50分到達楊忠禮辦公室樓下，大家都很期待一見楊博士的風采。上樓後，守衛戒備森嚴。到了頂樓會議室，楊忠禮博士準時在場迎接，首先取出準備好的致詞稿，逐字唸完，然後交換意見。主題繞著捐款事宜。半小時後，我們先離開會議室，約好晚上6時30分，再回來飯店的頂樓，接受高貴之款待，菜餚之美味，無與倫比，整個餐廳是專屬廚子、樂師、雕刻水果、專屬攝影師。

六、董教總原來不是人名

　　什麼叫做「董教總」，第一次看到這名詞，還以為是人名，經過吧生金門會館解釋，才知道原是「華人學校董事總會和教師總會」之集合名詞。負責全馬來西亞華人學校之統考招生、分發、課程、教材等各項業務，猶如華人教育部，其下並附設有「新紀元學院」。

　　2004年12月15日上午，前往馬六甲之前，先到董教總，座落在一座山坡，有三棟大樓沿著山坡，由下而上，前棟是董教總辦公室，我們在一間四壁均沒有窗戶的會議室座談。與會人員除本校同仁外，對方有莫副主任、蘇組長及一位承辦獎助學金之小姐。

　　座談會之結論，希望本校盡快提供簡介、科系特色、生活費

用及往返資訊。相關資料可直接寄到董教總，他們再幫忙轉寄至六十所獨中。目前正逢年假，自從11月底至1月底是寒假，畢業生正是申請大學之好時機。

七、新紀元學院是專科不是學院

新紀元學院是由董教總募資所創辦的高校，由於馬來西亞政府尚未核准，因此迄今只能辦一所準大學，修業二年，在國內稱之為二專。因此，新紀元學院是一所專科學校，學生修業二年，相當於大一、大二的課程，再到國外，主要是台灣，繼續修大三、大四的課程，畢業後取得學士學位，即所謂二加二的學制。

從交誼廳看到台灣幾所學校的簡介，並提供獎助學金，例如銘傳大學、修平技術學院等校。

八、鄭和到過的馬六甲

六百年前，鄭和下西洋，曾經過馬來西亞南部的城市馬六甲，因此，該市有三寶山、三寶井、三寶廟等歷史遺跡。

馬六甲金門會館主席張家成，是位有信心、慷慨、不隱藏自己成就的事業家，看到來自唐山的鄉親，如自己的性命，帶我們去看閩南式建築之私人豪宅。張會長年逾76，剛動過心臟手術，說話還很吃力，然而，開起他的賓士轎車，在大街小巷飆車的速度，不亞於年輕人。他告訴我們，會館的事要靠熱心人士來奉獻，有些有錢人，躲起來不願露面怕捐獻，這種人不少。

在馬六甲過夜，旅館不及吉隆坡，還差強人意，2004年12月16日早餐後，前往新加坡，結束馬來西亞為期四天三夜之訪問。留下深刻印象是馬來西亞的人口與台灣相近，土地卻是台灣的十倍，尚可容納五千萬人口。該國政府太保護馬來人，造成華人更加努力。而看到華人的成就，也刺激了馬來人的上進。

九、運輸王國張允中

2004年12月16日下午抵達新加坡，導遊強調新加坡是科技之島、重罰之國、美化、綠化有顯著成效。

我們參觀了海灣的魚尾獅石雕後，準備於下午6點前往拜訪張允中主席。張主席安排他三位公子一起共進晚餐。

席間，江柏煒總務長和李錫捷主任請教張主席很多故事，提

2009年11月15日敦聘新加坡僑領張允中（左）為首席校務顧問。

到教育建設，張主席相當支持。他在廈門買了一家公司，有機會回金門投資。

我第一次與張主席見面是在今（2004）年3月赴新加坡拜訪，同樣受到熱忱款待。4、5月張主席回金門，其堂弟張邦育從台灣趕回金門陪同，我陪同他們參觀本校各項設施，曾以試探的口氣建議將圖書館之基地提供給他興建，但未獲正面回應。這次來新加坡，是第三次見面。他告訴我，在新加坡有任何問題，可告訴他，但未提及捐獻事宜。

十、金門第一富商黃祖耀主席

世界華人財富排行榜名列前10的黃祖耀主席，是新加坡大華銀行主席，是位金門人，7歲離開故鄉，赴新加坡發展，生於1929年，現年75歲，是位精明、慷慨、有效率的企業家。

2004年12月8日決定赴新加坡，才開始聯絡與黃主席的晉見時間，能在短時間插隊安排於2004年12月17日上午11時30分，會面30分鐘，是非常給面子。記得今年3月，李縣長一行二、三十人，結果只見李縣長夫婦和我等幾位。這次對本校訪問團欣然全數接見，更是給足面子。此外，原只給30分鐘，後來延至34分鐘，足見有興趣與本校教授多聊一些。如何讓見面的場合不致於因募款而尷尬，昨（2004年12月16日）晚8時回飯店，與江柏煒、李錫捷、吳一德談到夜晚11時才就寢，次日清晨再彩排一次，我的論點如下：

1.本校是國立大學，理當由國家編列預算，何以又要向民間募款？原因是教育部將本校勉強核准，定位在小型的大學。金門地方小，人口少，學校不必太大。然而，大學並非國民教育，不是與地方大小成正比，小地方大學校，如廈門市之於廈門大學。是故，本校對於陽春型、袖珍型的大學，是接受還是不能接受？若金門人都能接受，則我們就不必太辛苦。若我們不甘心目前的規模，則不能指望教育部給予綜合大學的規模。必須靠自己站出來。

環觀金門各界，並走訪東南亞各會館，大家都有共識，把金門大學變成世界著名大學，而且也願意各盡棉薄之力，惟大家都不敢先有行動，都願意以主席馬首是瞻，追隨主席之後，請主席登高一呼，領導群倫。

2.80年前，因為有陳嘉庚，才有今天的廈門大學。近年汕頭大學之所以能迅速崛起，因為有李家成。這是大家公認，也是津津樂道的美談。金門大學自誕生起，猶如一部勇往直前的列車，永不止息。我們何其有幸，以有限的生命，踏上永恆的列車，將隨之而永恆。

黃主席聽取我們的一番話，指示我們撰寫計畫書，呈新加坡金門會館，再轉交給他。

黃主席領導的新加坡金門會館，據悉，每年均有鉅額捐獻。今年又捐獻華語教學一百萬星幣。此外，會館之禮堂擴建，黃主席亦將捐獻。其方式，請大家先小額捐獻，不足部分再由黃主席

負責。

　　新加坡金門會館，有專任行政人員4人負責管理，每週固定時間有數十名鄉親來會館吃地瓜稀飯，非常溫馨。

十一、募款模式

　　金門大學是全體金門人在教育建設或教育事業之共同舞台，是大家的共同財，也是大家的集體創作。

　　金門人有了這所大學，將來子子孫孫不怕窮，蓋金門沒有石油、沒有資源，憑什麼立足？所憑據的是知識經濟，人人擁有一技之長，將可立足於天下。

　　如何參與教育建設，從有錢人開始。窮人受惠，富人多勞。

　　以下訂出募款方式，由淺而深，由私而公，循序漸進：

　　1.偏重私有，即採BOT方式，本校提供土地，吸引金僑投資。

　　2.以公有為主，私有為輔，本校提供土地，金僑提供資本，建設之後，依比例分配。

　　3.捐贈者保留一至二個樓層，其他捐給學校，例如百分之八十的空間捐給學校，百分之二十保留自己使用。

　　4.以捐獻者的名義作為大樓之命名。

　　5.設置基金，成立管理委員會來執行。

　　6.設置講座式獎助學金等指定用途。

　　7.購置圖書等指定用途。

以上七種捐獻方式，在運用上，還可與公務預算配合辦理，可收相得益彰之效。其方式如下：

　　1.教育部先編工程預算，再以此預算做基礎，吸引捐獻。每捐一元，可有二元的成果。例如，圖資大樓，杜部長已於2004年9月27日允諾補助一億八千萬元。若有人願再捐一億八千萬元，則將可做出三億六千萬元的作品。可讓圖書館加倍。

　　2.民間先捐獻，再以捐款作自備款，向教育部要求補助款。

2005年5月22日印尼黃進益總主席（左三）蒞校參訪，並捐贈本校發展基金。

員額不足，獲教育部重視

2003.1.24

本校員額之不足，出現以下問題：

一、四個科（分別為食品、營建、觀光、資管）

由二專改制為四技，未爭取到任何教師員額。合計少了二十四名。（以每班三名計算）。

二、二個四技未爭取到員額（分別為電子、建築）每班以三名計算，合計二十四名。

三、獨立設校後，由金門分部到金門技術學院，未爭取到任何員額，其中行政單位以每組一名計算，合計不足二十名。

未爭取到員額，每年編概算時，未核撥員額之班級，未分配招生員額。換言之，沒有老師之員額，不但人事費沒有，未分配學生員額，學雜費自然短收。這樣之損失是雙重的傷害。

因此，我在修平技術學院舉行全國技專校院校長會議時，曾提案討論本校員額不足問題，獲得教育部的重視。強調本校創校還不到五年，且學生人數在五千人以下，符合優先分配員額的規定。惟聽者藐藐，此提案後來不見下文。

此外，2005年1月20日在國立中正大學舉行的全國大學校長會議時，我再度提出臨時動議，獲得通過，建議教育部予以重視。

2004年3月10日教育部黃榮村部長（左）與周燦德次長（右）蒞校視察。

與星雲法師談在金門設大學事宜

2005.1.26

來金門大學就讀的外
籍學生與師長合影。

　　星雲法師今天（2005年1月26日）下午5時15分，在浯江飯店
約見我，在會客室垂問我有關在金門設大學事宜。

　　星雲法師指出：

　　一、只想為金門做些貢獻，別無所謀。

　　二、佛光山在全世界設有200餘個據點，唯獨金門闕如。因
此，要為金門開創一所大學。

　　三、有云金門地方小、人口少、有設第二所大學之空間嗎？
他說，金門人口少，世界人口多啊！

　　四、大學密度高，表示學生有選擇空間，反而更有發展，猶
如重慶南路之書店，數量愈多，生意愈盛。

　　五、大師詢問要設什麼系。

　　六、大師希望金門成為全世界的文化區、大學區。

　　七、大師亦將校地視為前提，金門縣政府提供的選擇包括斗
門、文化園區等，也都現場看過。我建議設在幹訓班。

乘勝追擊
改科大竟遭淘汰
2005-2007

眼界放遠　格局做大

2005.1.30

　　本校校務發展，有幾件事已決定未來之走向。

　　一、金門縣高等教育建設，2005年元月27日，佛光山星雲大師來金門主持佛光園之上樑典禮，我在2005年1月26日晚上在浯江大飯店與星雲大師深談，雙方有了共識，將金門地區建設成世界之大學學區，理由是大學不同於國民教育，不必與地方人口成正比。此外星雲大師以重慶南路為例，無數的書局並非以該地居民為消費對象。所以大學在金門之發展，是愈多愈好，水平可以提高，成本可以降低。銘傳大學在金沙鎮的發展，其地位猶如本校之於金寧、金城，佛光大學之於金湖鎮。因此，縣議會應該補助銘傳創校建設，銘傳投資1億，金門縣補助1億，對金門縣而言，投資1億元，就有2億元的建設，何樂而不為。

　　二、本校學生來源，除台灣學生和本地學生外，另開闢東南亞各地金門僑生。技術問題，已於2005年1月27日拜訪技職司張國保司長時，得到支持。此外大陸學生，將是台灣150所大學之重要生源，而金門站在兩岸特殊的地理位置，有捷足先登之優勢。

　　三、教學三部曲，上課、實驗、實習

　　2005學年度預算分配，其中業務費和設備費，將分配予各行行政單位和各科系。在教學方面，1.上課，以編講義，教材優先。2.實驗：以採購實驗材料優先。3.實習，以聘請有經驗之規劃師，安排實習之課前準備和講習，並安排實習期間之輔導和督導作業。

　　四、禮聘名師。2005年度起，聘漢貴恩為副校長，首創國內

150所大學之先例。此外，聘IBM高級工程師和紐約大學教授陳雲潮先生為講座教授，聘哈佛大學周若漢博士為應外系主任。聘更多的旅台金門學人為借調教授。

五、提升學術水平，增設研究所於2004學年度第二學期起，與高應科大、屏科大、國立體育學院合辦碩士學分班，與高雄大學合辦高階經管碩士學位在職專班，招收台商與金門各界主管級人士，並保障百分之十的名額給本校。

六、與金門鄉親綁在一起

2004年12月30日馬來西亞華僑領袖楊忠禮先生宣佈捐予本校新台幣2000萬元。此外，新加坡僑領黃祖耀先生亦允諾捐獻，吩咐本校先擬計畫書。其他僑領，如黃進益先生已捐新台幣100萬元，張允中亦將跟進。此外，東馬僑領，據悉，有位資本家，亦樂善好施，將再進一步聯繫。至於金門學人，則是本校師資強化之後盾，可短期借調，目前已有翁宗賢教授和李錫捷教授。

2005年1月13日李金振校長（左）與美籍教授Grant Henning（右二）及Ruth（右）夫婦。

聘老外為副校長，首開紀錄

2005.2.1

　　也許部分同仁會以為我聘漢貴恩教授為本校副校長是為了留住人才，事實上，還有下列理由：

　　一、旨在促進東西文化的結合，不少校長曾留學歐美，以吸起西方文化的精華，引進國內，此類吸收西方文化，只是移植性質，而真正西方人，親自來到本校，把西方文化的種子種植本校校園，成長茁壯，是土生土長的文化。尤其本校創設之初，校風尚未形成，校園文化尚待建立，聘外籍教授為副校長，代表西方文化。而我和大多數教授代表東方文化。東西文化之融合，能陶冶氣質，形成兼具東西文化優異的人格特質。

　　二、本校被視為金門離島的大學，一般以為是社區型大學，所以常說，金門有多少人，何以要設一所大學，將來學生從何而來。事實上，大學並非國民義務教育，不必與當地人口成正比。金門人口雖少，世界人口很多啊。如今，要破除大家的先入為主的觀念很難，最有效的方法，請外籍教授為副校長，代表本校重視國際化的程度，使本校由地區型大學提升為國際型大學。

　　三、擴大其影響力：漢貴恩教授在應用外語系，已經成功地吸引每一位同學，成為大家敬重的師長，如果聘為副校長，則其影響力，不限於一系，而是全校，受惠者不只是一系學生，而是全校學生。尤其，可以為教授之典範。讓全體教師有位學習的指標。

　　本校於教育部開放外籍人士得兼任行政主管之後，是第一所聘外籍教授為副校長的大學，已領先國內大學。成為本校地特色。

2010年8月1日李金振校長（右）感謝Dr.Grant Henning
（左）擔任本校專任講座教授並義務指導英語會話。

移植榕樹，傳承朱子學風

2005.5.9

李明煒組長父親公祭當天，李增財局長告訴我，朱子祠整修，榕樹兩棵，可否移植到金門技術學院？我立即滿口簽應。

2005年5月9日，林務所葉所長率黃課長來校會勘種植地點，我立即決定種在以榕樹領軍的四埔林場。並立碑紀念。

四埔林場從去（2004）年開始，已種植了四棵大榕樹，如今再移植兩棵，合計六棵。

尤其這兩棵，是從朱子祠移植而來，記得50年前（1964），我就讀中正國小時，農作物收成期間，每天從故鄉古寧頭挑地瓜到城裡來兜售，賣完，就把扁擔藏於鄰近的朱子祠榕樹上，俟放學再帶回家。這些榕樹未向我收取分文保管費用，容我欠帳半個世紀。沒想到天作良緣，如今，朱子祠大興土木，這幾棵榕樹面臨移植的命運。有機會收納牠們，給了我報恩的機會。十年樹木，百年樹人，頗具歷史傳承意義。

這株榕樹移自浯江書院朱子祠的整修。

詩人鄭愁予，聘為講座教授

2005.6.25

2005年6月24日，赴金城國中聆聽國際詩人鄭愁予大師專題演講，結束之際，上台敦聘鄭愁予教授為本校講座教授。鄭愁予教授隨即欣然同意，這是本校之榮幸。

本校第一位講座教授是漢貴恩外籍教授，聘自2004年1月。

據鄭教授表示，他與高行健很熟，有希望邀他一起來金門入籍。

惟限於財政據拮，未來擬採下列形式：

國際名詩人鄭愁予教授落籍金門，應聘為本校講座教授。

一、專任講座教授，為有給職，可領全薪。

二、已退休的專任講座教授，即在他機關退休，領有月退，到本校後，只領差額。

三、兼任講座教授，為無給職，純為名義，領交通費。

四、為答謝對本校卓有貢獻的恩人，只發聘，不授課，亦不受薪，屬榮譽銜。

報到率不佳，從失敗中找出路

2005.8.25

經過一番努力之後，今年的報到率仍與去年差不多。

有鑑於（2004）學年報到率不佳，痛定思痛，做出革命性的創舉，要求各系做出如下的配合：

一、8月14日放榜，本校接獲榜單起，各系馬上展開與新生之接觸，即透過電話恭賀金榜題名，歡迎加入本校之大家庭，同時邀請參加本校為新生舉辦的新生入學說明會，或參加到本校參觀的旅行團。

二、8月17至19日，本校一級主管全體赴高雄、台中、台北舉辦新生入學說明會。

三、8月22日，邀75位學生及其家長來金參觀本校。

為了提高報到率，本校下了很大的決定。在方法上，想盡各種可行的辦法。在人力上，動員了全校主管同仁。在經費上不惜血本，花費在四十萬元以上。在精神上，抱定只許成功，不能失敗的心理負擔。然而，結果卻與去年未做太多的努力一樣。若與台灣本島公私立大學比較，本校跨海招生宣傳，實在疲於奔命。

如何從失敗中找到出路，這是未來努力的方向。

一、檢討8月14日各系是誰負責打電話給考生的，是系主任，抑是系助理。

二、打電話是勸說，鼓勵來報到為重點，抑是調查要不要參加說明會或參觀本校。

三、說明會是否把地址標示，或只告知福華文教會館。

2009年11月13日在模範街舉行迎新學生踩街宣傳活動。

外蒙古，我們來了

2005.9.3

　　2005年8月31日上午8時，自本校出發，帶隊參加在外蒙古舉行的第四屆國際木球邀請賽。

　　行程分四段路程才抵達終點：

　　第一段路程：自金門啟程，搭船直馳廈門。即上午9時出發，10時抵達。上岸後逕往機場。

　　第二段路程，由廈門飛北京，距離1900公里，飛2小時30分。

　　第三段路程，自北京飛呼和浩特，飛1個小時，該市是內蒙古之首府。內蒙古約2000萬人口，百分之80是漢人，百分之16是蒙古人，另有百分之四是少數民族。市容規劃整齊，但整潔欠佳，商店招牌漢文、蒙文並陳。該市北面環山，白揚樹林立，形勢險要，是唯一使用蒙古文的蒙古人，與350萬外蒙古人相比，外蒙古被俄國托管70年，已以俄文取代蒙文。

　　第四段路程，自呼和浩特飛往外蒙的首府烏芝巴托，飛2小時，小飛機飛越大戈壁（Gobi）途中，自機上鳥瞰大戈壁，沒有水、沒有生物，一片黃沙、土丘，還有曾被雨水或雪水沖刷過的川流溪谷。接近北路，逐漸出現道路和房屋，草木由稀而密，飛機隨即降落於草原旁的機場。

　　9月1日上午，原定9時30分起飛，但呼市沒有時間觀念，延至10時30分才上飛機，中午後才抵達外蒙。下午用餐後，在飯店等車，準備到球場練球，但大巴士遲遲不來，乃直接到餐廳用晚餐。晚宴中，有韓國及中國北京語言大學的木球隊，由蒙古木球

會長做東，本校及高雄大學贈送禮品給友隊後，一天的行程，在沒有積極安排中，浪費在等飛機和等車中。

9月2日上午9時，第四屆亞洲盃木球公開賽在蒙古運動場舉行，該運動場的跑道是柏油做的。此外，每上一次廁所，都得請管理員開一次門。下午安排參觀烏芝巴托市廣場古蹟及山區，鳥瞰市區，四周被群山包圍，盆地中有河川，面積長約一百公里，寬約一百公里，該盆地也許有一萬平方公里，市郊房屋密佈，山坡仍佈滿小木屋，市容景觀很差，集70萬人於該市，占全國總人口的五分之一。

9月2日晚上9時，結束今天的賽程，驅車朝西北前進，1小時後，抵達風景如畫的蒙古包露營區。夜宿蒙古包，感覺很特別，小門、臭味、火爐、寒冷，是一夜睡眠的滋味。

夜間來不及欣賞四周美景，次日（9月3日）起床，被四周的峻嶺、山坡草原、草原上端的樹叢，及草原下方的溪水嚇到，簡直美如仙境。令人樂不思蜀。

9月3日上午10時，告別無法久留的蒙古包露營區，赴機場搭機飛北京，再轉往廈門，預定次日（9月4日）中午回到金門。

林則徐人格與風格，感受良深

2005.9.4

本校講座教授鄭愁予賢伉儷（右三、四）、黃廣志校長（左二）、金門農工王添富前校長（左一）與本校同仁合影。

　　2005年8月25日參觀座落在福州市的林則徐故居，有兩首詩詞讓我印象深刻。

　　一是林則徐少年隨老師遠足，途中老師以海山為題，讓全體學生對句，林則徐寫出絕句如下：「海到無邊天作岸，山登絕頂我為峰。」

　　二是林則徐因鴉片戰爭失敗，成為中英談判的犧牲者，被放逐到新疆，途中林對自己的遭遇寫出一則對句：「苟利國家生死與，豈因禍福避趨之。」

　　在參觀林宅之後，另一項收穫：

　　一是「捐獻紀念碑」，在林宅修建上，捐獻者之貢獻，在左側特立碑紀念，此事給我的靈感，本校楊忠禮園，教育部特頒金質獎章，有文號，有官方簽署，將來可比照林則徐故居方式，立碑紀念。

　　二是茶藝館之設置，使該景點更加出色。同時，學到喝茶可以長壽的典故，因為茶字的筆劃，分解後是「艹」、「八」、「十」、「八」，即20＋88，合計108。表示吃茶可以活到108歲。

腦筋急轉彎，蓋工寮取代鐵皮屋

2005.10.25

2005年9月機電中心背面搭建倉庫及花房。

　　為了安排原堆放在綜合教學大樓地下室停車庫的學生宿舍床組、書桌和衣櫃，以及各項材料，必需有個儲藏的空間，才得以疏散。乃指示總務處蓋兩間鐵皮屋予以因應。

　　我提兩項原則，一是簡易省錢的鐵皮屋，二是外觀不要破壞美麗的校園。

校園的人潮是一年一度的馬拉松會賽。

　　建築師設計的結果，固然是掌握了鐵皮屋之前提，但造價遠超過鋼筋水泥房，殊不知我是為了省錢才選擇鐵皮屋的，若如此昂貴，倒不如採用閩南式建築或鋼筋水泥房。

　　此外，2005年10月25日上午，總務處呈一公文說明兩間儲藏室忘了設計地板，追加20萬元。兩間面積160平方公尺，造價高達270餘萬元。真令人啼笑皆非。

　　為了解決倉庫問題，我又回到最初的構想，在機電中心後面蓋鐵皮屋，空間又大又不妨礙觀瞻。

　　然而，洪瑛鈞組長提醒不可侵犯縣有地，否則很難申請建照。若不請建照，又擔心有人檢舉。

　　昨天（2005年10月24日）我下決心要蓋鐵皮屋，洪瑛鈞組長指出鐵皮屋是新建工程，應以申請建照為前提。

　　今天我想到一個解套的方法，本校現有學人宿舍工程正在興建中，將來還有圖資大樓工程亟待興建，先蓋工寮是理所當然的，有其正當性。至於工寮要蓋多大，蓋在什麼地點，使用多久，可有說明的機會，不會立即被取締。

馬祖分部芻議，願助一臂之力

2005.10.25

今（2005年10月25日）天晚上，城中校友會在葡京餐會聚餐。席間，到鄰桌的全國社教研討會與會人士敬酒。

教育局許能麗課長介紹連江縣教育局社教課劉春發課長。許課長指出，連江縣政府的首長參觀本校後，劉課長盼本校赴連江縣設立分部，連江縣可無償撥用校地。

我欣然回答，俟連江縣向教育部申請獲准後，本校將鼎力支持。惟本校甫創設兩年，想孕育另一所大學，實自不量力，若將學校比喻成一個人。人要發育成熟，始有生育能力。當年高雄應用科技大學之所以能創設孕育本校，是因為已有三十五年的歷史，已經被評鑑為全國技職校院第一名。今天，本校才兩歲，是幼兒階段，還不是生育的年齡。

但基於同為福建省，馬祖之教育建設，本校有義務和責任從旁協助。在教育部技職司陳明印司長的鼓勵與支持下，本校馬祖分班於97年度開始招生。

教育部陳明印司長（右二）協助金大開辦馬祖分班。

興建圖資大樓，按部就班

2005.12.9

本校圖資大樓之興建，其作業流程，區分為下列步驟進行：

一、構想書：於2004年年初提出草案，由於構想書於2005年10月才經教育部審查通過，因此，甄選建築師只好延後。

二、規劃設計：於2005年11月上網公告，於同年12月7日評選，由潘冀建築師事務所得標。次日議價，設計監造費九百餘萬元。

三、編列工程費：於2006年4月，本校編列2007年度概算時，特編圖資大樓工程費二億元。

四、發包：於2006年上半年完成規劃設計送審通過後，即可

2006年2月2日圖書資訊大樓動土典禮。

2007年6月興建中的圖書資訊大樓。

準備發包手續，惟2007年度預算未通過前，仍不許先行發包。

　　五、延續工程：於2006年度專案申請少許補助款，先行發包。擠壓2007年度預算，本案屬延續工程，享有優先審查位階。

分權與授權之別

2006.1.17

　　為達分層負責，校長將一部分工作授權一級主管代為主持或召集，例如人評會，職員甄審委員會、招生工作等。

　　此等授權，授權者宜具體交代授權內容及希望達成的目標。被授權者，宜在執行權力前請示原則或方向，執行權力之後，亦向授權者報告執行結果。

　　分權的性質，是一種分工，將權力的性質分類之後，分別歸屬於不同的機關，彼此無隸屬關係，例如三權分立或五權分立，在分工合作之餘，仍兼具制衡之功能。

　　在學校之行政體系中，首長與一級主管，是長官與部屬之關係，屬於授權之性質。但例行的事務，以簽呈向首長告知即可，在書面上表達不清，或時間上來不及等公文流程者，宜當面說明。此外，首長交代事項，宜將執行成果向首長報告。

　　本校目前之運作，首長交代之工作，缺乏追蹤之工作，致會議之後，執行事項常不了了之，主管缺乏主動將執行結果隨時向校長報告之習慣。

教育部吳清基部長（左）蒞校指導。

台北群英會，延攬講座教授

2006.1.21

2006年1月19日，為擔心金門濃霧，提早於今日啟程，從金門飛台北，準備參加明天在教育部召開的「教學卓越」申請說明會。

在機場巧遇陳水龍總務長，得知蔡榮根理事長替李新（台北市議會副議長）約了多位金門鄉親聚餐，在信義路4段25號上海故事，詢問要不要去，我因出發前約了李福井和李清化在凱撒飯店用餐而無法參加，但可以去打個招呼。後來，乾脆請李福井他們一起來，省得兩邊跑。聚餐就參加定了。

餐會中，除李新、蔡榮根夫婦外，還有台大楊永斌院長、薛承泰教授、王世塗中將、楊樹清、儒林補習班葉主任等，大家相談甚歡。

其中楊院長永斌表示：

1.他於2月1日赴新加坡大學講學，可陪我去見楊忠禮主席和黃祖耀主席。

2.從新加坡回來後，可到本校擔任講座教授，我提出，若不嫌棄，我可聘之為副校長。

3.要我幫忙安排見吳京部長，請他推薦申請中央研究院院士。

此外，薛承泰教授於台北市馬英九市長任期屆滿後，若回台大的時間不恰當，可先到本校擔任講座教授。

不是「想不通」，
而是「想」，「不通」

2006.1.21

　　兩岸關係，由戒嚴時期的漢賊不兩立，到蔣經國總統時代的三不政策（不接觸、不談判、不妥協），再到兩岸開放以來，交流逐漸熱絡。但主政者怎麼想，全民實摸不著頭腦。

　　李登輝總統時代，實施戒急用忍政策，兩岸互動只能有限開放。

　　陳水扁總統時代，起初是採取「積極開放，有效管理」，對兩岸經貿，仍綁手綁腳，當大家、尤其是台商期待全面開放之際，陳總統於2006年元旦宣布新兩岸政策，改採「積極管理，有效開放」，有玩文字遊戲之虞，分析家認為大開倒車。

　　在兩岸三通方面，面對台商往返於大陸和台灣之間，直航，才會降低成本，對台商有利。蓋勿需借道香港，對香港不利。但是扁政府的限制，非但未懲罰到敵人，反而傷了自己的台灣人。於是，各界對扁政府的政策，實在是「想不通」。相對的，五年來，扁政府對為什麼要三通也同樣想不通，只是「想」，「不通」。

　　猶如多年前，八掌溪事件，有多名工人受困於溪中水泥板上，多位救難人員束手無策。有位青年，看不下去，只好自己身繫繩子，徒步下水救人。記者好奇地問他：「全體岸邊這麼多人，只有你看不下去？」，他回答說，他們也一樣看不下去，只是「看」，「不下去。」

濕地松三代同堂

2006.3.30

　　第一次種植濕地松是在2004年，當時，金門國家公園栽培了3000株的松苗，贈本校2000株，另一仟株別有用途。現在這二仟株已長高約二公尺。

　　2005年元月，我陪內子到中山林散步，發現那1000株仍留在國家公園苗圃內，詢問李管理員，他說：尚未有指定用途。我回學校後，乃立即與國家公園聯繫，徵得同意，再度將這1000株移植到綜合教學大樓左右兩側及圖資大樓預定地前面等地，目前已

校園中欣欣向榮的濕地松。

圖中體育館基地，其四周原為欣欣向榮的濕地松。

長高約一公尺。

　　2006年植樹節前夕，在文化園區巧遇國家公園管理處官員（本校校友），他向我告知，目前管理處還有二百株，看我要否。我毫不猶豫地滿口答應，並迅速先搬回本校，於同年3月30種植在綜合教學大樓前方及學人宿舍後方。高度約50公分。

　　以上三代，本為兄弟，同時在國家公園苗圃中培育，卻由於移植到本校之時間先來後到不同，使身高形成三級，猶如三代。

　　也說明了先接觸大自然者，提早發揮其自然之本性，長得比較高。而仍停滯在花盆裡的松苗，其本性被壓制在框框內，長得比較矮小。

兩害相權取其輕

2006.4.3

2006年4月1日，陳雲潮教授夫婦來台南訪問，飯後談起當今社會，是非不分，或積非成是，已到沒有標準，沒有規範，幾乎回到原始社會之狀態。

處理公務，有時無法在理想條件下運作。所以，不得已而有權宜措施，既是權宜措施，就不是正常的方法，是為了達成目的，找出一條捷徑，但又不違背法治的基礎。然而其前提是：大家都能體認，權宜措施並非正軌。

再者，兩害相權，是指：若非要在兩權之間作一抉擇，則寧可取其害處較輕者。其前提是大家都有共識，這是兩「害」，而不是兩「益」。

決策者，所做任何決定，先看此政策所處理的事務是害，抑是益。苟「害」類，則雖做成決定，並非意味決策者主張、提倡此事務，而是非在兩者做一選擇不可下所做的較佳的選擇，而不是最佳的選擇。若能避免，才是最好的結果。

勘查校地，校園與墓墳兩者只能擇一。

禮聘楊永斌為首席副校長

2006.4.27

楊永斌院士（右）一度應聘為本校副校長。

2006年5月25日上午9時，自台北啟程，赴馬來西亞吉隆坡，經巴生、馬六甲、柔佛州、到達新加坡。

此趟之目的，主要有四：

一、與楊永斌院長有約，一起去拜見丹斯里拿督斯里楊忠禮博士，並致送教育部頒與楊忠禮之金質獎章和獎牌。

二、為本校20名僑生核定員額進行招生宣傳。

三、為了向黃祖耀主席簡報捐款計畫書。

四、洽捷星航空公司楊麗慧小姐，商討包機到金門之可行性。

是日下午1時50分準時抵達吉隆坡，並在機場與楊永斌院長會面，一起搭車前往拜見楊忠禮。途中，我發講座教授聘書及金中第一屆傑出校友當選通知單給楊永斌。同時誠懇地邀請他擔任本校首席副校長，並獲欣然答應。依楊院長20多年來的奮鬥和學術上的成就，願擔任本校副校長，可使本校少奮鬥20年。

今晚，將此事向張允中告知，張主席聽了，直接反應，此項人事安排，對楊院長而言，是大才小用。我也同意，因此，更加敬佩楊院長不是為了做官而來，而是為了做事。有關本校副校長之安排，自2006學年度起，也是我就職本校第二任校長起，聘楊永斌為學術副校長、馬遜為行政副校長，均徵得當事人之同意。這次東南亞之行，同行者還包括江柏煒主任、李錫捷主任、李炎改夫婦。

數位學術期刊，受贈獲益大

2006.5.10

　　2006年5月9日（農曆四月十二日），金城大拜拜，許鵬飛再度力邀晚飯，約8時，福建省陳滄江委員來電，要我回電前教育部范巽綠政次。原來是希望我明（2006年5月10日）天能到台北一趟，接受贈書。

　　2006年5月10日上午7時30分，本校舉行升旗典禮，8時，赴下埔下接楊永斌院長到機場，10時10分主持行政會議，12時，赴台北，出席假台大校友會館舉行的贈書記者會。

　　一、捐贈書的由來：華義數位公司捐書，教育部轉贈離島學校。

　　二、內容：包括2500種中文期刊，約30萬篇論文、免費使用一年，可省二百四十萬元費用。

　　三、受贈學校，包括本校、澎湖科大、馬公高中、馬公高職、金門高中、金門農工、馬祖高中、蘭嶼中學等八所學校。

教育部范巽綠政次贈書離島各級學校。

　　本捐贈記者會，因我之及時趕到，使捐贈儀式不至於找不到受贈對象。

　　此次效益，每校可省200餘萬元，八校共省1600萬元。

乘勝追擊，改科大竟遭淘汰 2005-2007

273

讀冷門科系，卻異軍突起

2006.5.12

　　2006年5月12日下午6時，送便當給母親後，立即自古寧頭趕赴葡京餐廳與教育部杜正勝部長會餐，途中師大公訓系主任鄧毓浩學長來電，告知我剛剛會議通過，當選師大第六屆傑出校友，預定於6月3日校慶頒獎。

　　此外，今年5月19日金門高中校慶，我也當選首屆傑出校友，2004年及2005年亦先後當選金城國小（中正國小）及金城國中傑出校友。

　　我就讀師大有兩個階段，分別是1971～1975年就讀師大公訓系三民主義組，另外是1996～2000年就讀師大三民主義研究所博士班。

　　考取師大，是我夢寐以求的志願，尤其是大學部，1971年，一心想尋求一個公職人員，有穩定的薪資，師大正是最佳的選擇。畢業後可任教於全國各中等學校。因此，大學聯考的成績，雖然可錄取台大部分冷門科系，我還是以師大吊車尾的志願考取師大就讀。

　　在師大就讀4年期間，公訓系算是冷門科系，與英語系、教育系、歷史、生物、地理、數學、物理、化學，甚至教育心理系相較，明顯不如，因此，從轉系的情形可看出端倪，本班同學，有轉到英語系者、生物系者、歷史系者等等，我的成績，名列班上前三名，有機會轉到理想中的科系，尤其是中等學校課程中的主科，惟我被選為班長，不好做不良示範。

　　冷門的科系，未來在任教學校，課程上不易受重視，只好另

金門大學校長李金振（右二）就讀師大時與學長合影。

謀發展，大多在行政服務上求表現。而35年後，我有機會以大學校長的身份榮膺第6屆傑出校友，實其來有自。

雖然在冷門科系中，班上的同學，系上的師長，知道我是來自金門，彼時，金門戰地之烽火味十足，交通受阻，出入境極嚴，是偏遠地區的最末端。這樣教育資源極差，城鄉落差最大，被視為教育優先區的前線，竟有學生可考取師大，是故，入學不久，就有同窗及師長好奇地問我，想必你是保送生或聯考加分進來的，這樣的答問，是關懷，或是歧視，無法辨別。唯一可以確認者是我沒有解釋的空間，即便我再三說明，亦無法讓大家根深蒂固的成見冰釋。

校歌校訓，催生反覆思量

2006.6.20

　　創校已將屆3年，校訓與校歌尚未定案，為求慎重，除非強有力的傑作，絕不輕易決定。

　　一、在校歌方面，2003年獨立設校以來，曾研擬歌詞草案，並於2005年暑假，拜託台師大音樂系主任作曲，柯主任欣然同意，惟歌詞遲遲未能定案。2005年底，鄭愁予教授來金門，為李炷烽縣長競選連任助陣，到本校演講，吾當面邀請鄭教授為本校校歌作詞，他欣然同意。惟事隔半年，沒有下文。2006年6月20日，鄭珍小姐來電，並提供鄭教授之美國紐約電話號碼，吾立即撥電話給鄭教授，再度拜託他為本校校歌作詞。國立金門技術學院校歌始獲定案。

2009年10月28日新生校歌比賽之一。

2009年10月28日新生校歌比賽之二。

　　二、在校訓方面：2005年底，校務會議曾討論校訓，曾提議「飲水思源、兼善天下」之草案，惟未達成共識，未能做成決議。2006年初仍繼續提案，仍未獲通過。2006年6月17日，我參加高應科大畢業典禮中，腦海出現「追求卓越」的句子。在福華文教會館大門標榜之標語，正是此詞，洪玉昆學長在二年前亦提議過「追求卓越」，另一句再想想，他曾想到天下為公之字樣。今以兼善天下接應追求卓越，前後較能呼應。

打造學習平台，初見成果

2006.6.29

　　2006年6月26日，金門日報許加泰記者應邀來校採訪本校應外系學生陳景威，報導陳同學托福考成績榮獲579高分。

　　2006年6月28日，崔春華組長到校長室來告知，她榮獲2006年度全國優秀公務人員。

　　這兩則消息，有何共同點？他們同樣都是從不被看好的起點出發。

2004年8月15日應用外語系學生利用暑期赴美國
西佛羅里達大學進行一個月的遊學。

金門大學學生赴美遊學前，與校長李金振（中）合影於尚義機場。

　　其中，陳景威，畢業於金門農工，中學程度不算好，一般而言，金門縣每年國中畢業生，前半段大多考取金門高中，後半段大多就讀於金門農工。因此，陳同學之英文成績，主要是在大學四年之教學成果。分析原因：一、師資：聘請大師級教授，與學生近距離接觸。二、設備：金門縣政府每年建校基金之補助，強化了應外系之專業教室設備。

　　至於崔春華組長，原服務於金門陶瓷廠，福建省政府。是位守規矩、勤勞的基層人員。這次榮獲全國優秀公務人員，其具體的優良事蹟，全是在本校服務九年來的優異表現。

　　以上兩位績優之師生，是本校的一例，這象徵本校創校以來，為金門創造舞台，讓金門子第，在金門本地努力，也有機會打進國際水平，托福成績名列前茅。亦有機會擠進全國優秀公務人員行列，其意義至為重大。

學生傳喜訊，老師熱淚盈眶

2006.7.15

2003年2月，漢貴恩教授賢伉儷（Dr.Grant Henning and Ruth）應邀受聘為本校應外系講座教授，開啟了金門有史以來第一位專程前來講學的外籍教授。

Dear President Lee and Dr. Fan,

Welcome to

Pensacola！We love you,

Grant Ruth Henning,

your Friends and coworkers

7/14.06

當初，這群來自高職的學生，英文程度遠不及高中生。

面對這群不被大家看好的大一學生，歷經三年多漢貴恩教授之耐心用心的個別指導與調教。

如今，這群首屆畢業生，參加托福英語測驗，創下603及597之高分紀錄。

2006年7月15日漢貴恩駕車帶我和仲如參訪西佛大。途中，他說，當聽到這個消息，他高興的熱淚盈眶。

2005年3月李金振校長與畢業生合影留念。

校歌歌詞，鄭愁予寫出吟詠調

2006.8.22

2006年8月22日，鄭珍小姐將鄭愁予教授為本校校歌所撰寫的「國立金門技術學院校歌歌詞初稿E-mail到我信箱，內容如下：

歌詞（一）——典禮形式

人文的金門，海上的鄒魯
千載功名由學子成就
金技學院，前瞻又傳承
肇建廣廈，植樹萬株
啟造現代的天工開物
創寫科學的四書五經
時代使我們自豪
永遠做金技的傳人

2006年8月28日鄭愁予教授為校歌歌詞創作發表專題演說。

歌詞（二）——歌詠形式

我們今生的緣份有多美
是相逢在一個古典的小島上
我們今世的幸運有多好
是相聚在一個嶄新的校園中
阿！人文的金門，海上的鄒魯
千載功名由學子成就
啊！金技學院，是這樣年輕

負有繼往開來的使命
我們啟造現代的天工開物
創寫科學的四書五經
我們永遠的驕傲
啊！是作為一個金技人
（重複前四行）
我們今生的緣份有多美
是相逢在一個古典的小島上
我們今世的幸運有多好
是相聚在一個嶄新的校園中

金門技術學院校歌由本校講座教授鄭愁予作詞，師範大學音樂系柯芳隆教授譜曲。

前識

1.歌詞（一）：慣用於「典禮形式」，其實是由歌詞（二）節略而成，略去了首節四行，取消感嘆詞，濃縮成八行，這除了減低一些詠嘆成份，內容表達沒有減少，適於樂團或鋼琴伴奏。

2.歌詞（二）：採用的詞彙和與法是「非傳統典禮形式」的，較為抒情，目的是讓師生在任何場所都可以高歌歡笑，所以作曲家宜用「後校園歌曲」時代較為吟詠曲式，如此可以在曲終時再重複頭一段的四行，加強戲劇性的抒情效果，可以用及他伴奏。

為分部付出，
校本部同仁不遺餘力

2006.9.9

　　1997年8月2日，國立高雄科學技術學院（2000年改名為國立高雄應用科技大學）為甫奉准創設的金門分部（2003年奉准獨立為國立金門技術學院）舉辦揭牌典禮，揭牌儀式設在金門農工農場入口處，慶祝茶會借用金門農工禮堂，兩處相隔約300公尺，由一條林蔭大道貫穿。彼時，金門分部新聘的12位專任教師剛辦妥報到手續，尚未能承辦此活動任務，因此，整個活動之場地佈置、沿途之標語和校旗、國旗懸掛，完全由校本部高雄科技學院負責。

　　此刻，高雄科技學院在黃廣志校長之領導下，凡是全國性比賽均榮獲第一，創設金門分部，更展現其回饋社會的能力，響應黃校長之使命感，率先跨海到金門打第一仗者，我從工作團隊中看到擔任事務組組長的陳雪娥組長，她帶著秘書室的多位同仁，興高采烈地從校本部來到分部，所有的文具、佈置用的桌巾，標語、旗幟、揭牌紅布和繩帶，應有盡有，整個活動辦得圓滿無缺，讓教育部吳京部長讚不絕口，從這次活動中，看到陳組長之熱忱、仔細、勤快而且面帶笑容。

　　本著校本部的優良傳統，陳組長向來對每件事務均很熟練，能駕輕就熟地，很老練地，很投入、認真地面對，如今，更是把這種專業的技術和敬業的精神伸展到海峽對岸的金門分部，讓我們全體12位新進的分部教師有一個很好的學習楷模。

　　在工作之餘，還流露出一種疼惜的眼神和笑容，金門分部猶如高應科大新增的小弟妹，集大哥大姊三千寵愛於一身，把金門

分部視為家裡的一份子；任何教育資源，絕不會少掉，而且還優先想到這位剛誕生的小弟妹，說實在，金門分部，甫創設不久，體制、人員編制、各項建設不健全，又遠離校本部數百公里之遙，往返公文均很不方便，每次返校洽公，校本部每單位均給我方便，不久，陳組長調職文書組組長，掌校印對外發文，成長中的金門分部，與文書組之關係更為密切，因為時間不夠分配，每次停留在校本部，各單位走完，已逾下班時間，此刻，再到文書組試試，陳組長卻仍在辦公室忙完今天的公文，她是全校最後一位下班的同仁，要把各單位的公文辦妥才完成當天的業務。金門分部之誕生，更使原來已經忙碌的校務再雪上加霜。陳組長像其他單位一樣，對待金門分部，只有降低標準，從不計較。讓我們這群新兵在長官之寬容、鼓勵、厚愛的調教下，有了快速的成長機會。

2001年，我從成大借調期滿，務必回成大歸建，在歸建與請辭作抉擇，我猶疑良久，一度已向成大報到，並運回行李，陳組長知道這件事，為金門分部過去4年奮鬥的往事，如今即將改變而落淚，陳組長是這麼疼惜金門分部。

幾年前，從陳組長叔叔陳金雄校長（我的老長官）得知陳組長因公受傷而不治，如今，已無機會面告金門分部的現況。我分身乏術，未能去悼念這位全心全意關懷金門分部的校本部長官，僅藉此追思文，報告陳組長，金門分部自2003年獨立設校以來，校務發展蒸蒸日上，現有11系3所，學生人數已逾1,500人，專任

陳雪娥組長的叔叔陳金雄校長賢伉儷（左）陪同吳京部長夫人
張紫君女士（右二）於100年10月5日參訪金大。

教師逾60位，70％具有博士學位，校舍和設備與日俱增，敬愛的
陳組長，金門分部之所以有今天，有妳苦心經營的痕跡，妳是有
功的。只是妳還沒有親蒞金門來驗收成果就這樣走了，讓我們少
了一位可以分擔困難，共享成就的好伙伴。今後，妳在另一個國
度，有資格驕傲地說，金門技術學院，我有份，最後，我願代表
全體師生，向陳組長再度保證，有妳的認真、負責、和奉獻，我
們不敢太懶惰。嗚呼，滄然淚下。

校訓定案，八字箴言

2006.9.27

　　2006年9月27日，本校召開2006學年度第一次校務會議，決議通過校訓之提案。「真知力行，兼善天下」正式成為本校創校以來的校訓。其意義

　　一、真知：即博學，審問、慎思、明辨之代名詞。蓋博學……，其目的旨在求知，但求知的程度，有淺有深，有真有假，本案所指的真知，是利用科學知識徹底的知，也就是知之為知之，是教學、研究之目標，是專業能力和行徑。

　　二、力行：由篤行而來，為求簡易，以力行取代篤行，一聽就懂，一目瞭然。力行哲學，其精神是天行健，君之以自強不息。強調專業能力之形成，重在實作。

2006年9月27日於95學年度第一學期第一次臨時校務會議決議訂《真知力行、兼善天下》為本校校訓。上圖為李金振校長的父親李水院先生之遺墨。

三、兼善天下：不僅獨善其身，而且還要推己及人，聰明才智愈高者，服千萬人之務，造千萬人之福，聰明才智略低者，服十百人之務，造十百人之福。以天下為己任。是基本素養的最高境界。

2006年7月17日李金振校長（右三）赴美國與西喬治亞大學締結姊妹校。

從什麼地方跌倒，
可從別的地方爬起來

2007.3.31

　　96年3月28日上午十時十分，前教育部長曾志朗部長夫人洪蘭教授來校做文化中心專題演講，從生物科技分析人體大腦之結構影響到學習的效果，指出：

　　一、從什麼地方跌倒，有可能這個地方是正好先天上的障礙，若確實，則不必在這方面使勁的投資，反而事倍功半，換個領域，有可能找到自己先天條件較優者，選對方向，才能事半功倍。

　　如何尋找自己先天較優異的條件，方法應該多嘗試、多接觸，才有發現的機會。當然，有興趣也許是一條捷徑，惟好玩、娛樂除外。

　　然而，從什麼地方跌倒，就要換個地方，其前提要先看是怎麼跌倒的，是努力過嗎？是環境太差？或不小心，假如因為努力不夠，每跌倒一次就換個地方，則永遠未能累積成果而功虧一簣。

　　二、人體的限制，要面對：1.有雅量接受不能改的部分，例如：體重太肥、每減重一次，大腦記憶之本能以為天荒，於是就將吃進的食物儲存，則造成減一公斤，肥二公斤。2.有勇氣改掉可以改的部分。3.有智慧判斷什麼可以改，什麼不能改。

　　主阿！請求給我雅量、勇氣、智慧。

　　本校之規模、條件、現況，我們深刻了解自己之後，自己知道什麼可以發展，什麼無法發展。

人人都是打造金技的工程師

2007.8.2

　　本校自1997年開始籌備，名稱叫著國立高雄科學技術學院附設專科部金門分部。我自國立成功大學借調，擔任分部主任，肩負招生辦學與籌備一所新學校之雙重任務，經過6年之慘澹經營，規模日益擴張，組織日益完備，辦學績效與籌備新學校工作兩者並行不悖，即分部發育成熟之時，即是獨立設校成功之日。

　　2003年本校奉准獨立設校，迄今雖然只有4年的光景，惟與籌備階段合計，恰是十周年。有云，十年樹木，百年樹人。因此，乃決定利用過去10年作為一個階段，將十年來的史科和際遇作一整理，以利後人存參。

一、誕生的方式

　　一般而言，一所新設學校之產生方式，都是先核定准予籌設，設立籌備處以推動設校之相關事宜。然而，本校誕生的方式卻大不一樣。首先面對的問題，是否要准予設校仍是未定之天。即使先設分部，也是為招生之需求。至於是否准予設校，端視金門分部之籌備進度是否成熟而定。換言之，本校未曾設立籌備處，籌備工作乃落在金門分部肩上。因此，本校之誕生，是由金門分部在沒有把握可以設校的心情，及尚未核定的政策下，於辦學之同時去進行每項籌備工作。

二、人人都是打造金技的工程師

　　分部創校的第一年，全校16位教職員工，包括教師12位，職

金大崛起——燕南啟道　振鐸浯洲（上）

290

2004年5月15日第一屆校運會，於金門縣綜合運動場舉行。

員4位，沒有技工和工友，其中12位教師除教學之外，尚負責全校之行政工作，包括四個科主任、教務、學務、總務、圖書館、電算中心、人事、公關等，四位職員的分配及其職責為教務兼人事、學務兼會計、總務含營繕和事務各一人。

三、誰都不願做歷史的缺席者

本校之誕生，是金門的大事，在籌備的階段，並沒有把握一定能通過核准。於是，大家抱定必須成功的決定，全力以赴。與金門各界接洽，無往不利。金門縣政府相關單位，舉凡教育局、地政局、建設局、林務所、財政局等，無不鼎力支持。此外福建省政府、金防部、金門國家公園管理處、金門地區各民間友人等，對於本校之籌備均抱定以能參加為榮。

四、金門大學之創設，時間已到

1.金門縣之需求

金門自古文風鼎盛，人才輩出。早已領先台灣23個縣市，惟近50年來，台灣高等教育蓬勃發展之際，金門正忙著幫台灣擋子彈。扮演軍事的角色，戰地政務限制了金門的發展，俟1992年解除戰地政務後，金門乃依據其固有文教之優勢，殷切地提出設立大學之需求。

2.高雄應用科技大學的擔當：

值此同時，高雄工專，在黃校長勵精圖治，大刀闊斧地革

新之後，校務發展蒸蒸日上，不僅在國內技專校院評鑑中名列第一，而且遠征金門，為離島教育發展做出貢獻。尤其黃校長對金門之教育投入有高度的使命感和強烈的意願。他曾在交通大學教務長任內首度創設大學聯考金門考區。是故，在1997年7月31日教育部徵詢設金門分部之意願時，黃校長在7分鐘內就做成決定。

3.教育部的教育政策：

事實上，早在金門縣陳水在縣長於1992年解除戰地政務後，就馬不停蹄地展開遊說，經專家及行政院相關部會評估，均認為條件尚未成熟。1996年5月，吳京接掌教育部，推動教育改革不遺餘力，其中開闢技專院校成為我國升學的三條國道之一。對弱勢團體和偏遠地區之獎補助，更是預算分配的主要流向，其教育政策旨在追求平衡發展。於是，排除萬難核定國立高雄科學技術學院設立金門分部。

五、金門是個有事可做，也有機會把大事做成的地方。

古寧頭戰役後，限制了未來50年金門的發展。一切以戰爭優先考量，其他從簡。1992年解除戰地政務之後，赫然發現金門在經濟、社會、民生等各項建設均遠遠地落後於台灣各縣市。其中，教育建設方面，金門之最高學府僅到金門高中、職。未來朝高等教育邁進，正蓄勢待發。

六、本校校務發展，如雨後春筍

1.奉准獨立設校後，校園之美化、綠化、整地、雜項工程、聯外道路之開闢、新校地之取得、新校區之規劃、馬祖分班之創設等校務，緊鑼密鼓地展開。

2.校舍之興建，包括綜合教學大樓、第一學生宿舍、楊忠禮園學人一舍、圖資大樓、理工大樓、第二學生宿舍等建設，迫不及待地搶著興建。

3.科系所之陸續增設與提升、進修部與產學專班之創設、迅速地擴大學校之規模。

4.多元化的師資陣容：包括低階教師之進修與升等，高學歷教師之聘任、禮聘大師級講座教授、彈性聘請專業技術教師和專案教師、以及向頂尖大學借調教師。

七、走進未來深不可測

別的大學是先核准設校，再以籌備處推動各項籌備工作。本校一開始奉准設校，設立的是分部而不是籌備處。因為未設立籌備處，相當於未允諾設校。同時，在籌備人員上也沒有編制，完全以分部之人力來肩負辦學及籌備之的雙重工作。至於未來是否能獲准獨立設校，端現分部之規模是否已成長到一所大學的最低門檻。準此，本校為了追求質的提升，還要注重量的增加，否則就要永遠停滯分部的階段。

而要追求量的增加，欲達成獨立設校的最低門檻，務必要做到下列要件：

　　1.校地基本面積與開發。

　　2.校舍基本面積與裝修。

　　3.科系所之經營規模。

　　4.師資之員額與素質。

　　5.學生人數。

　　6.設備。

　　7.圖書的基本冊數。

　　因為資源均來自教育部，所有增設、成長之前提均決定在教育部。是故，金門分部何時能獨立設校，完全掌握在教育部手中。

教育部陳德華司長（左三）率審查委員蒞校指導。

心繫故鄉，關鍵時刻不缺席

2007.8.27

　　我和許多旅台學人一樣，負笈台灣，任職台灣，卻心繫金門，從不敢想像有朝一日能返鄉貢獻所學。能有機會在離鄉27年後重返故鄉的懷抱，我是其中比較幸運的一位。感謝本校給我這個機會。

　　1997年，我們12位本校第一梯次專任教師從台灣各縣市抵達金門，面對即將於9月初開學，而借用金門農工職校的實習農場，整修工程尚在施工中。借用金門縣政府仁愛山莊，尚待修護與清洗。更遑論上班和上課的使用。我們12位工作夥伴，在校本部黃廣志校長和同仁支援下，像野戰部隊一樣，利用金門農工職校圖書室報紙儲藏室作為上班地點。利用校園的公共電話洽購課桌椅、辦公桌椅及相關設備。下班後，再各自投宿親友家。黃校

2010年李金振校長（右六）率本校主管同仁訪問新加坡
大華銀行董事長黃祖耀主席（左五）。

長夫婦幾乎經常往返金門坐鎮，下榻飯店的沙發成為我們分部會議的場所。會餐時全體同仁湊一湊剛好一桌。這樣克難的籌備工作，為期一個月。9月中，金門分部全校12位同仁134位學生與校本部同一天準時開學。金門第一所大學正式開張。

從金門分部到金技學院，爭取獨立設校的程序是很微妙的，雖然請國立高雄科技學院輔導金門分部，體制上，金門分部是校本部的一部分，但在人事、會計、財產均相當獨立。其設計的模式是，俟金門分部成長到相當規模再獨立為一所新的學校，惟獨立設校的門檻務必要達到教育部之標準，包括校地面積、校舍面積、科系規模、師生人數等。而這些設校條件、除校地之外，無一不是要經過教育部嚴格審查。換言之，要獨立設校，除了追求現有規模之教學品質外，還要不斷追求數量的增加，尤其是校園的開闢、校舍之興建和科系之增設等，我們的工作心情，幾乎在與時間賽跑，為了爭取獨立設校，金門分部可謂在成長中辦學，隨著自然增班，不斷地向相關單位借用校舍或搭建鐵皮屋。眼看空間已不敷使用，卻為了早日長大而拼命申請增加科系。所以我們這群併肩作戰的同仁們，所付出的心血可想而知。

金技學院之誕生，彷彿命已註定，無論歷經多少波折橫逆，發展的結果總是朝成功的方向邁進。例如，在滿三年後，本校提出申請獨立設校計畫書，行政院送相關部會審查，包括人事行政局、主計處、研考會、經建會等，審查的意見，均不贊成金門籌設大學。在技術上幾乎走不通之後，轉而往政策面努力。要不是

連戰副總統、陳水扁總統、張俊雄院長、游錫堃院長、吳京部長、林清江部長、楊朝祥部長、曾志朗部長、黃榮村部長，他們都親臨本校，聽取本校簡報後，都口頭允諾促成本校早日獨立設校，我們怎麼有信心在屢敗屢挫之後仍有毅力堅持到底。彼時，也有長輩鄉親私下勸我，維持高雄應用科技大學的分部不見得比獨立為金技學院不好。的確，從學生的角度來說，持有高科大的文憑當然遠勝過金技。要不要獨立設校，本是見仁見智。分部隨時可以撤走，獨立設校就永遠是金門的一所大學。代表金門的學術水平，一經立案，永遠立足於世界的學術舞台。這些論點，要能說服鄉親和分部的畢業生才行。

設校的要件之一，校地的提供，首任縣長陳水在滿口答應提供四埔林場14公頃之縣有土地作為本校設校用地，並開闢大學路做聯外道路。繼任縣長李炷烽對本校的支持，亦不遺餘力。除開闢另一條聯外道路往環島西路外，並積極規劃另一條往頂林公路。此外，經費之補助，只要議會同意，縣政府對本校之需求，幾乎有求必應。

本校自籌設迄今，前後合計10年，其中前6年是金門分部時代，黃廣志校長奠定了良好的基礎，並樹立良好的典範和方針。林仁益校長追隨黃校長之規範，接下棒子朝終點衝刺，並於2003年本校奉准獨立設校時，利用校本部校務基金之節餘，贈送本校2300萬的嫁妝。為期6年的扶持，校本部對金門分部，哪裡是用「出錢出力」所能形容。因此，我勉勵全體師生，高應科大永遠

是本校之母校，今後兩校的活動視為校內活動。

　　在籌備的過程中，地方鄉親的態度也很重要。對於金門第一所大學的籌備，都視為己任，而擺上自己之所能，只要有助於創校要件者，誰都不願做歷史的缺席者，人人都以能參與籌設工作為榮，於是有錢出錢，有力出力。在地鄉親相繼捐出撞球桌、老榕樹，地主將其私有土地完成協議價購，有主墳墓之家屬也配合遷葬，林務所負責植樹、工務局負責造路、財政局和地政局負責縣有地無償撥用。旅台學人紛紛返鄉、甚至借調本校服務。海外僑領的大筆捐款。金門技術學院已成為全體海內外金門人的公共財，成為大家集體創作。

　　本校於創校之初，沒有校地、沒有校舍，一切都很簡陋，對於深不可測的未來，誰都看不清楚，也沒有把握有朝一日能獨立設校。以這種條件來吸引師資，是何等困難。許多應徵者也為之

2009年7月31日書畫大師李奇茂教授蒞校揮毫，為圖資大樓題字。

行政院院長陳冲（右四）
蒞校講座。

卻步。10年來，感謝越來越多的優秀學者相繼投入我們的行列。無論是專任教師、專業技術教師、借調教師、講座教師、外籍教師，教師來源之管道，不一而足。本校已成為各方人才聚集之學術殿堂。在設備不全、環境欠佳的前提下，一股上進的校風與校務同步成長，於是有樣學樣，十年來，有4位教師升等為教授、有6位升等為副教授、有5位升等為助理教授、有9位進修取得博士學位，校園內個人的成長與學校的發展形成一股良性循環。我敢斷言，沒有大家在自己崗位上盡心盡力、汗流浹背，本校必然無法累積今天的成就。

2003年本校奉准獨立設校，這一刻非常重要，本校一旦誕生，就立即在世界大學之林有其存在一席之地。本校一經立案，是一所合法的學術殿堂，其文憑是全世界各大學所公認的。金門的地位，相對地水漲船高。身為本校眾多員工之一，本校猶如一輛永恆的列車，我們以有限的生命，踏上這輛永恆的列車，我們生命意義自然受到肯定。我們都是乘客，任憑乘客都有下車的時候，但列車還要不停走下去。

林清江部長定奪，大樓平地起

2007.6.16

　　本校於金門分部時代，創設之初，立即招生。但校區和校舍卻全無。只好先暫時借用金門地區中小學的部分校舍做為臨時校區。同時，積極進行新校區之開發。

　　首先金門縣政府於第一時間允諾，無償撥用縣有地四埔林場14公頃作為本校設校用地。接下來要做的事情可多，包括鑑界、環境影響評估、都市計畫變更、土地無償撥用手續等，這些工作至少要花兩年以上，換言之，從1997年8月1日到1999年7月31日，金門分部頭兩年，大多忙著校地開發前的準備工作。

　　惟學校已經進入第三屆招生，班級數和學生人數日益增加，校舍已經不敷使用。因此，盡速興建校舍，已成燃眉之急。談到各校爭取興建校舍，金門分部雖為新設單位，但申請興建校舍的行政程序一項也不得少，教育部補助四百多萬做為綜合教學大樓規劃與設計費。委託建築師進行設計後，經過多次向教育部工程審議委員會簡報，始終未順利通過。即使馬上通過，等年度編列預算，發包施工等程序，仍要兩年以上。面臨已經招生卻無校舍之窘境，誠憂心如焚。

　　金門分部已經招生多年，卻沒有校舍，這種情形一定要讓部長知道，但是林部長實在太忙了，多次想透過部長室秘書安排見面卻落空，1999年終於成功地安排在林清江部長見面，即利用下午下班後回家前的空檔，面報金門分部的現況。為了把握這難得的機會，是日中午我和黃校長提早從高雄飛往台北，不巧在台北空中遇雷陣雨，飛機在空中盤旋下不來，好不容易落地，距下

班時間還早,在台大校友會館待到下班時間。湊巧當天同一時間林部長也安排了別的大學簡報,本來是兩校各安排30分鐘,未料前面那所大學已經用掉了59分鐘,本校只剩1分鐘,林部長利用這1分鐘允諾會找時間到金門實地了解一下。

　　1999年12月正逢立法委員選舉。有一天,部長室張國保秘書電話告知林部長將於11月1日赴金門巡視,安排與各級學校校長在金城國中座談。我接到這消息的第一時間,報告校本部黃校長,黃校長也毫不考慮地答應是日將搭第一班飛機自高雄飛往金門,準備在尚義機場等候部長的光臨。

　　1999年11月1日上午11時,林部長準時抵達金門,隨行的教育部長官包括金門鄉親陳昆仁副司長。他走出機場大廳,就很倉促對我說,今天行程很緊,無法到金門分部巡視。我回答說未能安排到金門分部沒有關係,一切以您們之行程為重。不過,只要安排黃校長與林部長同車即可。果然,從機場到金城國中之途中,黃校長有充裕時間向林部長報告金門分部之困境和需求。並展示綜合教學大樓的規劃設計書,請部長支持補助工程款新台幣三億元。顯然林部長已經充分了解黃校長之所言,於是抵達金城國中走進會場第一句話,就是宣告補助金門分部綜合教學大樓工程款三億元。

　　是日中午,林部長返回教育部,下午主持2000年會計年度之概算分配,特別將金門分部綜合教學大樓工程款三億元由原來排在預算總額兩千億元之後的順序,提前到一千八百億元的安全範

圍內。

　　本校綜合教學大樓能順利於次年3月19日動工興建，林部長是箇中關鍵性的因素。

　　林部長曾擔任國立高雄師大校長，創辦國立中正大學，是位偉大的教育家，對我國教育改革負有強烈的使命感，不幸積勞成疾而與世長辭。在懷恩堂追思會時，始知林部長臨終前曾有「壯志未酬身先死，常使英雄淚滿襟」之遺憾。惟林部長在其任期內對本校之具體貢獻，迄今不僅是本校最雄偉之建築，也是金門地標。在金門的教育史上有林部長一席之地，永遠受人追思與懷念。

校務評鑑委員蒞校訪視。

國家圖書館出版品預行編目(CIP)資料

金大崛起：燕南啟道 振鐸浯洲 / 李金振著. -- 初
　版. -- 金門縣金寧鄉：金門大學, 2015.2
　　冊；　公分. -- (金大叢書)
　ISBN 978-986-04-3678-5 (全套：平裝). --
　ISBN 978-986-04-3679-2 (上冊：平裝). --
　ISBN 978-986-04-3680-8 (下冊：平裝)

1.國立金門大學 2.歷史

525.8231/205　　　　　　103025911

金大叢書 2

金大崛起
──燕南啟道　振鐸浯洲（上）

發 行 人	黃 奇
作 者	李金振
編 纂	李福井
執行編輯	邱英美
編 輯	鄭大行・李瑾珊・楊樹清・吳美娟
照片整輯	崔春華・符宏智
校 對	翁宗平・陳思豪・黃銘鴻・李金譚
	劉佩怡・楊志誠・林易翰
封面設計	翁翁
美術編輯	不倒翁視覺創意工作室
封面題字	唐敏達
資料提供	翁克偉・李錫捷・李文良・李金譚
	洪瑛鈞・許淳婷・陳婷怡
照片提供	國立金門大學・曾逸仁・符宏智

發行單位	國立金門大學
發行地址	(892)金門縣金寧鄉大學路一號
網 址	http://www.nqu.edu.tw
電 話	082-313-306　FAX 082-313-304

總 經 銷	五南圖書出版股份有限公司
地 址	台北市和平東路2段339號4樓
電 話	02-27055066
傳 真	02-27066100　郵政劃撥 01068953
網 址	http://www.wunan.com.tw
電子郵件	wunan@wunan.com.tw
戶 名	五南圖書出版股份有限公司

台中市駐區辦公室／台中市中區中山路6號
　電 話　04-2223-0891　　傳真 04-2223-3549
高雄市駐區辦公室／高雄市新興區中山一路290號
　電 話　07-2358-702　　傳真 07-2350-236
顧 問　林勝安律師事務所・林勝安律師

出版日期	2015年2月
初版一刷	18開本・全彩・平裝・304P
定 價	新台幣450元整
I S B N	978-986-04-3679-2
G P N	1010302976

版權所有・翻印必究
本書如有缺頁、破損、裝訂錯誤，請寄回更換